東京歷史不思議

從神話、信仰、風水、地理
探索不為人知的千年之謎

戶矢學 著
堀道廣 插畫
許郁文 翻譯

前言

說「**東京沒有天空**」的是
智*惠子夫人（高村光太郎的妻子）
但其實東京有許多讓人大吃一驚的史實
（或是少了該有的史實）
就讓我來告訴大家那些不為人知的
東京真面目吧。
除了最古老的繩文時代之外，
後續的每個時代也有很多的祕密。

而且有很多都跟現在的東京有關。

繩文時代的東京或平安時代的東京

與現在這個我們熟知的東京之間有著許多祕密。

有些是讓人興奮又**充滿魅力的祕密**

有的是一聽就會背脊發涼的祕密。

請大家把它們當成奇幻故事或恐怖故事來聽

享受其中的樂趣。

只是要事先聲明的是，這些祕密可**都是事實**喲。

註：高村光太郎是明治時代日本詩人、雕刻家，被譽為日本現代詩之父，
以妻子為名的著作《智惠子抄》更被尊為日本愛情文學經典。

尋訪東京之謎地圖

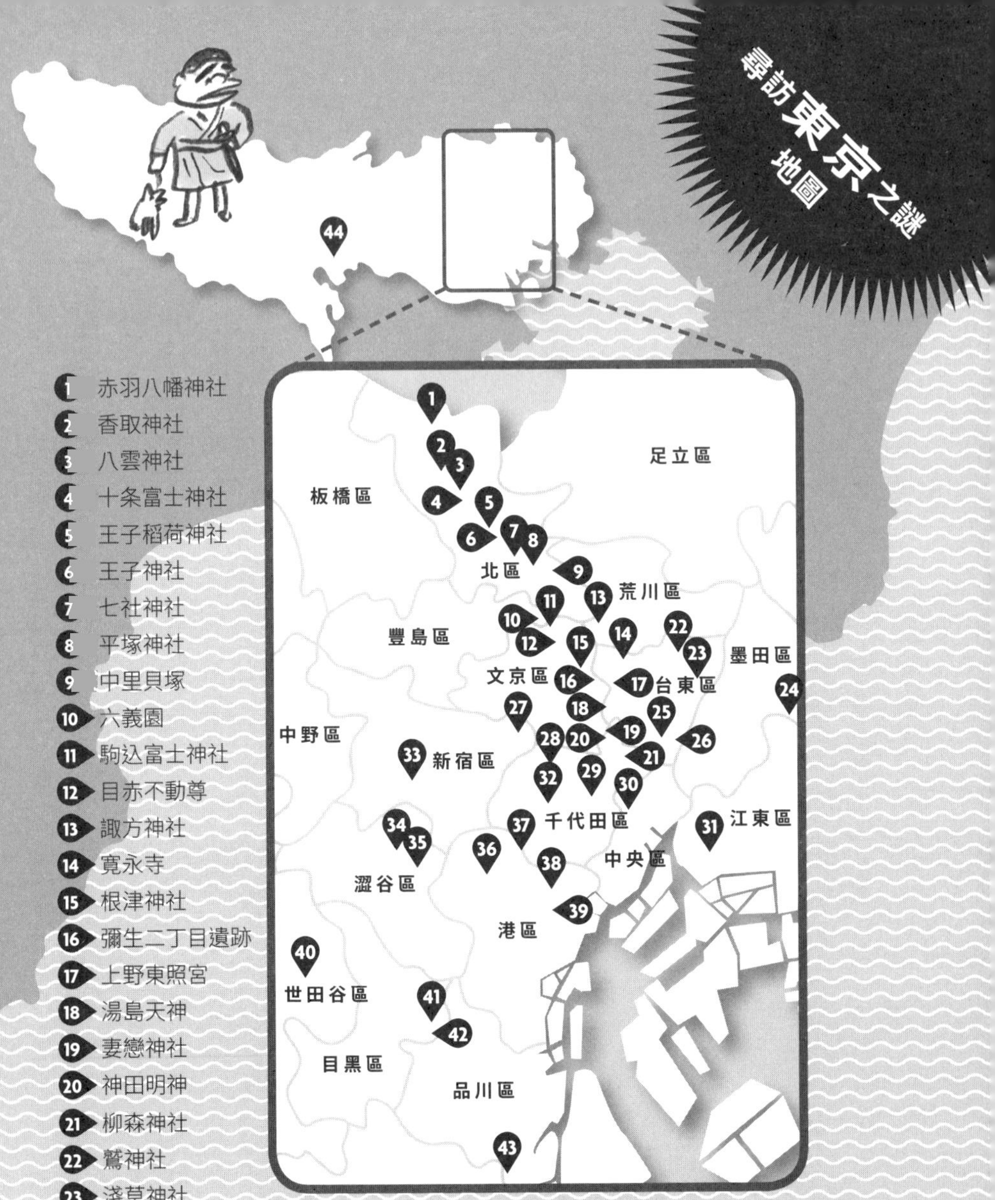

1 赤羽八幡神社
2 香取神社
3 八雲神社
4 十条富士神社
5 王子稲荷神社
6 王子神社
7 七社神社
8 平塚神社
9 中里貝塚
10 六義園
11 駒込富士神社
12 目赤不動尊
13 諏方神社
14 寛永寺
15 根津神社
16 彌生二丁目遺跡
17 上野東照宮
18 湯島天神
19 妻戀神社
20 神田明神
21 柳森神社
22 鷲神社
23 淺草神社
24 吾嬬神社
25 鳥越神社
26 第六天榊神社
27 筑土八幡神社
28 筑土神社
29 將門首塚
30 日本橋
31 富岡八幡宮
32 吹上御所
33 花園神社
34 明治神宮
35 東鄉神社
36 乃木神社
37 日枝神社
38 愛宕神社
39 增上寺
40 目青不動堂
41 大鳥神社
42 目黑不動尊
43 大森貝塚遺跡庭園
44 大國魂神社

尋訪日本之謎地圖
1 三內丸山遺跡
2 日光東照宮
3 水戶市
4 筑波山
5 鹿島神宮
6 國王神社
7 延命院
8 成田山新勝寺
9 稻荷山古墳
10 世良田東照宮
11 中山神社
12 冰川神社
13 冰川女體神社
14 鹿野山
15 嶺岡山淺間
16 鶴岡八幡宮
17 大山
18 富士御室 間神社本宮
19 富士山
20 久能山東照宮
21 間山
22 諏訪大社
23 砥鹿神社
24 岡崎城跡
25 熱田神宮
26 伊勢神宮
27 八坂神社
28 丹波亀山城跡
29 石清水八幡宮
30 大神神社
31 丹生都比賣神社
32 熊野本宮大社
33 熊野速玉大社
34 熊野那智大社
35 伊太祁曽神社
36 日前神宮
37 大麻比古神社
38 吉備津神社
39 大山祇神社
40 阿蘇神社
41 新田神社

目錄

繩文時代 1

五千年前，淺草是一片汪洋

彌生貝塚位於本鄉台地的奇妙事件

「範圍延伸至埼玉的東京灣」

繩文時代，東京的下町[1]尚不存在。

「下町」一名是於近代才誕生的稱呼，在繩文時代當然還不存在，**眾所周知的下町，例如淺草、向島、千住、本所這些江戶子**[01]**從小耳熟能詳的地區，原本其實是「海」**，但這也只是距今約五千年前的事。

下圖的灰色地區在繩文時代都是「海」。當時的東京灣延伸至埼玉縣的埼玉市或川越市，在考古學稱為「奧東京灣」或「古東京灣」。

令人好奇的是，這塊地區究竟是如何變成現今這副模樣的？

其實答案很簡單，全因當時的海平面比現代高五公尺，這個現象又稱為「繩文海進」[2]，繩文時代[3]的氣候比現代溫暖，所以當時的海平面也較高。

雖然有些地區受到地殼隆起或下沉的影響較為明顯，但繩文海進幾乎可說是地球規模的自然現象。海水在五千年前左右侵入內陸，導致當時的陸地比現代狹窄。

到了現代，埼玉縣南部的街區仍有多處僅海拔五公尺前後的高度，若海平面真比現在上升五公尺，這一帶肯定沒入水裡。

1 東京的下町

下町是「山手」的反義語，指的是山手地區（武藏野台地的東側邊陲地帶，相當於現代的千代田區、文京區、新宿區與北區一帶的台地）東側的平坦低地，原指淺草、下谷、神田、日本橋、京橋、本所、深川這片地區（相當於現代的千代田區、中央區、港區、台東區、江東區、墨田區的低窪地區），但隨著時代變遷，如今已擴張至墨田川的東側與北側，另有一說認為東京的下町也包含足立區、葛飾區、江戶川區、北區、荒川區這些地方，差不多就是貫通赤羽與品川的京濱東北線以東的低窪地區。

五千年前的關東地區海岸線與貝塚

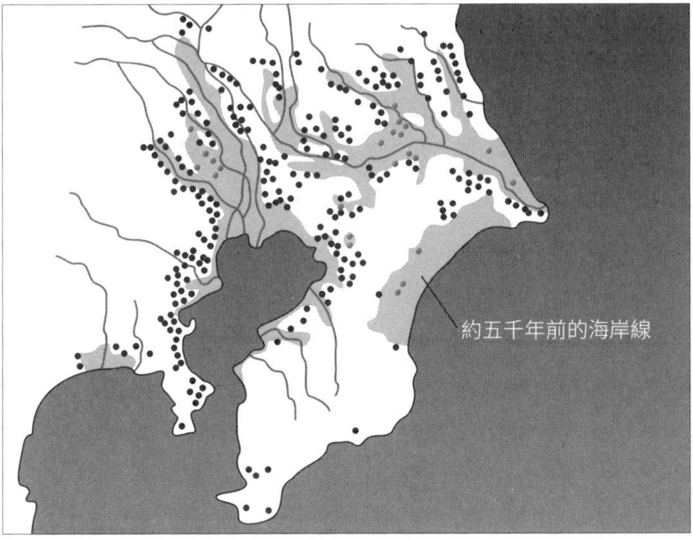

這是約五千年前的海岸線與貝塚，白色部分為陸地，灰色部分為海，黑點為貝塚。從這張圖可以清楚看到貝塚沿著海岸線分布。

東京都內的下町地區有許多海拔零公尺的地區，例如荒川流域、隅田川流域、江戶川流域一帶，說得再精準些，就是位於這幾條河川兩岸的江戶川區、墨田區、江東區、葛飾區。

境內有足立稅務署、足立學園高校的北千住站東側地區、墨田中學、本所高校坐落的東向島地區、以龜戶天神知名的龜戶地區、龜有、綾瀨的隅田川東側地區幾乎都是海拔零公尺的地區（而且與這些地區鄰接的地區，如墨田北齋美術館、兩國高校坐落的兩國地區，也是海拔一公尺的地區，遊客如織的月島為海拔一～二公尺的地區，鷲神社境內、淺草寺境內與雷門這類屬於隅田川西側的淺草地區也多為海拔二公尺之地，豐洲地區的芝浦工大一帶雖高於海平面三公尺，豐洲市場本身卻只有一公尺）。

這一帶原是荒川的河口地帶，屬於砂洲與溼地地帶，就歷史來看，也算是類陸地的地帶，漲潮時為海，退潮之際為沙灘，是全域都能採貝殼的場所。

順帶一提，所謂「零海拔」是指高度與漲潮時的海平面一樣的地區，直至今日，這個地區仍有一百五十萬人居住。更令人吃驚的是，低於零海拔，也就是地勢低於漲潮海平面的地區竟然還不少，其中江戶川區、墨田區與江東區的地勢之低，甚至低於退潮時的水平面。

京成立石地區或江戶川區公所的地勢為海拔負一公尺，這意謂著每逢漲

2 繩文海進

末次冰河時期的最盛期（距今一萬八千年前）結束後，地球開始暖化，冰河的面積開始縮減，海平面也隨之上升，也導致陸地沒入海面之下（海進）。由於這是在調查東京低窪地區的有樂町地層之後才發現的事實，所以繩文海進也稱為「有樂町海進」。調查結果顯示某些地區的海平面甚至上升了一百公尺。

3 繩文時代

介於新石器時代至彌生時代之間的時代，咸認約為一萬五千年至二千三百年前的時期。這段時期區分為草創期（約一萬五千～一萬二千年前）、早期（約一

潮，地勢便低於海平面！

咦？這一區豈不是會泡在水裡？會如此擔心也不足為奇是吧。

請大家放寬心，這一帶都有高聳的堤防保護（為了預防特殊情況的災難，也陸續建造了超級堤防）。

造就這類地區出現的原因很複雜，例如地層下陷或海面上升都是其中之一，但集中於東京都東部則另有特別的理由。

這理由就是這裡屬於改良澤地、海埔新生地，而且這裡的海埔新生地是由江戶時代的德川幕府填海造陸，當時的土木技術不如現代發達，所以這些海埔新生地幾乎都只與海平面切齊，偶有大浪，海水就會侵犯岸線（近年新增的海埔新生地，如台場都在設計之初就對高度與構造多方考量，所以完全不需要擔心淹水的問題，但畢竟是海埔新生地，仍藏有其他的隱憂，例如地震後，土壤可能會液化之類的問題。）

前提拉得有點冗長，接著就直奔主題吧。

若主題只是「早期這裡原本是海」，那跟現代的我們沒什麼關聯吧？然而這一帶卻潛藏著與現代以及未來的我們直接相關的重大問題。

為我們揭露這個祕密的正是「貝塚」。

萬二千～七千年前）、前期（約七千～五千五百年前）、中期（約五千五百年～四千五百年前）、後期（約四千五百～三千三百年前）、晚期（約三千三百～二千八百年前）。此外，「繩文」一名源自美國學者愛德華摩斯將大森貝塚出土的土器稱為「Cord Marked Pottery」的譯名。

對，就是從繩文時代留存至今的「貝塚」。東京是貝塚奇多的地區，這些貝塚既是繩文時代曾經繁盛的證據，更是跨越時代，提供我們重要資訊的訊號。

貝塚位置的意義

貝塚是人類吃完海鮮，丟棄貝殼的場所。既是海產，貝塚的位置當然接近海邊。

貝殼不會腐敗，也不會分解（正確來說，得經過漫長的歲月才會分解），所以在幾千年之後仍然留在原地，也成為我們了解當時的繩文人，也就是日本人遠祖都吃些什麼的寶貴線索（除了貝殼，另有魚骨、動物骸骨出土）。為此，貝塚是考古學非常重要的遺跡。

其中尤以大森貝塚（品川區、大田區）有名，大家對這個名字應該不陌生，因為學校早就教過。大森貝塚最為人所知的是於明治十年（一八七七年），由訪日學者摩斯發現與挖掘的事蹟。從發現到挖掘的逸事很具戲劇性，有興趣的讀者可自行閱讀相關書籍。

4 超級堤防

超級堤防是日本國土交通省於一九八〇年啟動的計畫，主要是於首都圈、近畿圈的六條河川周邊，建造長達八百七十三公里的堤防，但這個計畫後續於民主黨政權的行政改革會議被批判為：「需耗時四百年才能完成，而且會浪費十二兆日圓」，因此被列為「暫時停止執行」的計畫，直到二〇一一年，整項計畫的規模縮減為五條河川、一百二十公里長。等到二〇一五年年底，完成的區段共十二公里。這項計畫於二〇一三年重新啟動時，北小岩一丁目等兩個位置被選定為新的施工區段，卻未真的開始施工。江戶川區境內此外，摩斯除了從大森貝塚挖出貝殼，也挖出大量的土器、土偶、鹿骨與鯨骨，我們也才首次如此具體了解東京的繩文人（後期～晚期）的生活內容。

將大森貝塚的發掘形容成日本近代考古學的起點也不為過。

若說這個大森貝塚位於何處的話，其實不在海邊，而是在高地（海拔十二公尺）。

我居住的地區（文京區）也發現好幾處貝塚，其中最具代表性的是動坂貝塚。提到動坂，就會想到這裡是文京區具代表性的坡道之一，而貝塚也似乎該位於這條坡道的最下方才對，因為再怎麼說，這條坡道的下方原本是一片海。

沒想到動坂貝塚卻位於這條坡道的最上方（海拔二十二公尺）。

東京的貝塚只沿著京濱東北線呈帶狀南北分布，讓我們從中挑選幾個介紹。

久原貝塚（大田區久原／海拔十七公尺）

東山貝塚（目黑區東山／海拔二十公尺）

丸山貝塚（港區芝公園／海拔十九公尺）

的江戶川、荒川則有建造二十公里的計畫，到目前為止，這兩處總共建造了二點五公里長的堤防。（二〇一六年三月二十一日朝日新聞 朝刊 東京區域、一地區）

5 摩斯

愛德華．S．摩斯（一八三八～一九二五）。美國動物學者。為了採集標本訪日後，從橫濱站搭乘火車前往新橋站途中，從車窗發現貝塚（大森貝塚）。後受東京大學邀請，擔任兩年的約聘教授。發掘大森貝塚的他為日本的人類學、考古學奠定基礎。

大森貝塚

大森貝塚是於1877年9月至12月發掘。這是日本首次的學術性發掘，所以大森貝塚也被譽為「日本考古學發源地」。之後分別於1984年、1993年進行遺址調查，進而挖出大量的居住遺址、土器、配飾、魚類與動物的骸骨。於大森貝塚遺跡庭園園內所立的「大森貝塚碑」、摩斯的銅像與貝層的標本都是學習繩文時代與大森貝塚的教材。

羽澤貝塚（澀谷區廣尾／海拔二十五公尺）
舊本丸西貝塚（千代田區千代田／海拔二十六公尺）
小石川植物園內貝塚（文京區白山／海拔二十公尺左右）
大藏省印刷局內貝塚（北區西原／海拔二十公尺）
染井墓地內貝塚（豐島區駒込／海拔二十三公尺）
赤塚城址貝塚（板橋區赤塚／海拔二十六公尺）

貝塚都位於不會淹水的位置。

一如開頭所述，在繩文海進的影響下，海水入侵至關東平原相當內部的範圍，可是有貝塚就代表這一帶在當時曾是海邊（岩岸）。如果這個推論屬實，就能得出海平面即使因地球暖化而上升，海水也不會淹至貝塚所在地的結論。

順帶一提，如果發生南海海溝大地震或首都垂直型地震，往這些貝塚遺跡避難應該是個好主意，因為貝塚能在這裡殘留數千年之久，代表這裡的地層很穩固，而且又是高地，是躲避海嘯的絕佳地點（東京灣的海嘯不像太平洋側的海嘯那麼高）。

繩文時代的水產加工工廠？

雖然大部分的貝塚都位於高地，但也有例外。

那就是中里貝塚[6]。中里貝塚位於北區上中里坡道的下側盡頭，顧名思義，中里貝塚的位置不在高地而是在海邊（海拔六～九公里）。

儘管位於海邊，在貝塚之中，它的規模仍是最大，外觀與尋常貝塚截然不同。南北縱長一百公尺以上，東西橫長五百公尺以上，連堆積的厚度都超過四點五公尺（幅員如此廣大的遺跡目前已挪為JR東日本調車場之用）。

中里貝塚與一般認知的貝塚迥然不同。貝塚固然是證明繩文集落自給自足的遺跡，但中里貝塚卻隱約提示著另一層次的事實。

那就是，生產加工業。

中里貝塚周邊沒有需要如此巨量貝類的大規模集落，話說回來，繩文時代本就沒有如此大規模的集落，所以恐怕曾有數十人至數百人在此工作，規模也遠遠超過自給自足的程度。

雖然中里貝塚的調查與研究還不完整，但是對於繩文時代生活實況的想

6 中里貝塚

從江戶時代開始便有大量貝殼出土，也因此成為家喻戶曉的「貝殼山」。明治十九年（一八八六），首次由白井光太郎以「中里村介塚」之名向學會呈報。假設此處曾養殖牡蠣，之前視古羅馬為起源的牡蠣養殖歷史將大幅刷新。平成十二年（二〇〇〇），中里貝塚被指定為國家史跡，也於鄰接的中里遺跡發掘出距離四千七百年前，形狀保持完整的獨木舟。

7 彌生町貝塚

位於文京區彌生的彌生町貝塚是繩文時代與彌生時代的複合遺跡。明治十七年（一八八四）於這一帶的貝層挖出有別於繩

像卻有可能就此顛覆。若誤以為繩文人的生活既簡單又原始，恐怕是大錯特錯，因為光從工作人口達數十至數百人這點來看，就足以佐證繩文時代已有加工生產與流通交易的行為。

說到這裡，聰慧的讀者應該已經發現，貝塚都位於高地（除了例外情形），而且周邊都有集落。

從十一頁的圖不難看出所有的貝塚都位於海邊吧，而且放眼望去就是一大片海洋。

位於本鄉台地的彌生町貝塚●7（彌生二丁目遺跡／海拔十五公尺）的正下方原本也是海洋。位於動坂上方的動坂貝塚也一樣，坡道下方原本也是海，即使是例外的中里貝塚，也一樣位於海邊。

一如前述，這片海洋（古東京灣）的範圍遠至埼玉縣的川越或大宮一帶，之後隨著全球寒冷化加劇，海線才逐漸後退，直至現代的樣貌。

只是海線後退的距離也只有區區幾公尺。

文土器的壺型土器後，該壺型土器便被命名為彌生式土器，後續也衍生出彌生文化、彌生時代這些名詞。由於是在未充份記錄的情況開挖，土器的出土位置與貝塚的位置也無法確定，但到了昭和四十九年（一九七四），當地的小學生從東京大學校內的倒樹樹根挖出土器與貝殼後，便證實遺跡確實存在，也就此成為國家指定的遺跡。

彌生式土器發掘淵源之地

彌生式土器是於文京區彌生發現，故命名為「彌生式土器」。照片裡的記念碑坐落於東京大學工學部與農學部交界的言問通路邊，是於昭和六十一年所建。由於一開始無法確定出土位置，所以碑文寫的不是「發掘地」而是「發掘淵源之地」。現在「彌生式土器」之名也改稱為一般名詞的「彌生土器」。

這意味著當海平面再次上升數公尺，東京直至上野車站前方（海拔四公尺）都會成為汪洋一片，下町將有大半被淹沒。埼玉縣則是埼玉市或川越市南部一帶會陷入水中，重現與繩文海進時代相同的現象。

每年的夏天越來越熱，平均氣溫越來越高。還記得小時候，光是氣溫超過三十度就會引起騷動，如今居然是超過四十度！（我的故鄉熊谷居然曾經超過四十一點一度，這還真是不太光榮的記錄）。

[8]三內丸山遺跡這種大規模繩文集落為何會位於青森縣？答案很簡單，因為在繩文時代，青森是氣候溫暖宜居的環境。

既然當時的青森很溫暖，那麼當時的東京應該更熱吧？究竟熱到幾度呢？

8 三內丸山遺跡
位於青森縣青森市大字三內字丸山，屬於繩文時代前期到中期（約五千五百～四千年前）的大規模集落遺跡。據推測此地曾有人定居超過一千五百年，居住範圍約為四十二公頃，以沖館川右岸標高約二十公尺的河岸丘陵地為主要範圍。陸續發掘顛覆先前繩文時代常識的考古物之後，於平成十二年（二〇〇〇年）由國家指定為特別史跡。

繩文時代②

東京沉沒的真相

佇立於上野、赤羽斷層沿線的神社示警的大災害

東京的東部地區是海洋

繩文海進的高峰期約為六千年前，東京的東部在五千年前仍是汪洋一片。話雖如此，應該有不少讀者覺得「繩文時代實在遙不可及」。

那麼請大家先看看下一頁的地圖。這是現代的東京，大家應該很熟悉吧。

這張「數值標高地形圖」是先利用國土交通省國土地理院以「航空雷射繪測的『五公尺（標高）數值地形模型資料』繪製陰影段彩圖，再將比例尺二萬五千分之一的地形圖壓在陰影段彩圖所繪製的地圖，圖中以顏色仔細標記地形的起伏，可直覺了解地形的特徵」（國土交通省國土地理院）。

這裡介紹的是「東京都區部」地圖，每個人都可直接從國土地理院的官網瀏覽，也能購買列印版。

我家的牆上除了貼有世界地圖與日本地圖，另外只貼了這張地圖，每天辨認居住地區的地形。所謂的「辨認」指的是東京的東部地區是海這件事。

意思是繩文海進並非老掉牙的故事，而是現實。

前一章曾提到海平面因為地球暖化而上升後，海水不會淹到貝塚所在位置，反過來說，一旦海平面上升數公尺，地勢低於貝塚的地區將被淹沒。

數值標高地形圖

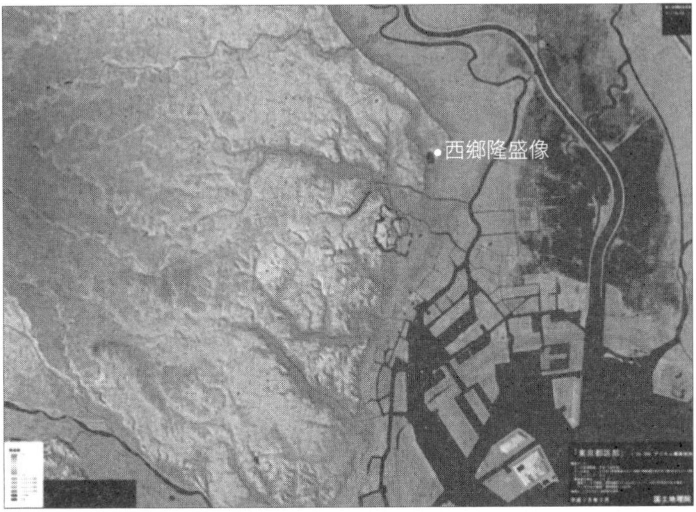

顏色較深之處就是標高較高之處。從這張圖可清楚看出東京位於武藏野台地的東側邊緣。台地的東側就是眾所周知的下町，意即台地下方的町。京濱東北線則沿著這個台地的邊緣鋪設。彩色的地圖更為有趣，有興趣的讀者可於日本國土地理院的官網瀏覽。

請大家回顧一下「數值標高地形圖」。所有的貝塚都位於武藏野台地的丘陵上方（若於官網瀏覽，就是地圖裡標示為黃色的部分）。地形是很始終如一的，經過五千年，基本的輪廓依舊不變。

最引人側目的大河便是荒川，沿著河岸兩側延伸的灰線則是堤防，從圖中可看出荒川的河面有多寬，乍看之下，東西兩側的白色地區似乎是海洋，但當然不是，而是人口稠密的住宅區。西側為荒川區、墨田區、江東區，東側有足立區、葛飾區與江戶川區。如前一章所述，總計有一百五十萬人以上的人口在這類零海拔的地區居住。

順帶一提，不是只有東京會出現零海拔地區，千葉縣的浦安市、神奈川縣的川崎市也都有，而且愛知縣濃尾平原的某些地區或是歧阜縣海津市、三重縣桑名市、大阪府大阪市的某些地區、兵庫縣尼崎市南部、西宮市東南部、佐賀平原的局部地區也都是零海拔地區。

外國也有不少零海拔地區，例如荷蘭就是其中之一，但請恕本書予以割愛。

神社坐鎮之地

東京（江戶）受地利之惠而享盡繁榮富庶，卻也定期遭受大地震襲擊。江戶是遵循風水之術規劃的地區，但風水之術不可能違悖大自然，而是順應大自然。

即使到了現代，東京與關東中南部仍屢屢被告知恐有垂直型大規模地震來襲，卻無人可預測何時發生。

順帶一提，**古老神社幾乎都坐落在與天地異變無關的位置。**在道教、風水之術傳入日本之前，**早期的日本民族就擁有探尋這類「聖地」的能力**，所以選在這些聖地祀奉神明。

早在繩文時代，日本民族就發現這類聖地，一開始僅止於膜拜岩石、樹木或丘陵，後來才於這些地點設立簡單的信仰設施，這些信仰設施後續又隨著時代流轉而日益宏偉。

古老神社坐落之地正是這類聖地。在眾多古老神社之中，於《延喜式神名帳》[1]登記在冊的延喜式內社本殿從未因地震而崩塌過（拜殿不時會傾倒，但有些人將這種現象解讀為某種「預兆」）。換言之，延喜式內社的本殿至

1 《延喜式神名帳》
《延喜式》是於延長五年（西元九二七）編撰而成的律令條文，這些律令條文共有五十卷，而《延喜式神名帳》則是這五十卷之中的第九、十卷，其中列有在當時被指定為「官社」的所有神社。於延喜式神名帳記載的神社被稱為「於延喜式之內記載的神社」，所以又稱延喜式內社，有時則簡稱為式內社或式社。

2 龍穴
在陰陽道、古代道教或風水學的理論裡，龍穴被視為繁榮富庶之地，朝龍穴流入的河流被視為龍脈，而龍穴也被認為是攏聚地氣的場所。

少在這一千數百年之間安然無恙。

這項事實是鐵一般的證據。這類的地理位置在風水學是所謂的[2]龍穴，是被另眼看待之地，所以才被奉為神明棲宿之所，而非人類可居住的地點。

橫貫日本列島東西的斷層線為中央構造線，而這條巨大的構造線從茨城縣與千葉縣的縣境延伸至熊本縣與鹿兒島縣的縣境。

在這條構造線上，由東而西依序有[3]鹿島神宮↓[4]諏訪大社↓[5]砥鹿神社↓[6]伊勢神宮↓[7]丹生都比賣神社↓[8]伊太祁曾神社↓[9]日前神宮・國懸神宮↓[10]大麻比古神社↓[11]阿蘇神社↓[12]神田神社坐落於此。

除了伊勢神宮之外，坐落於這條構造線的古老神社都是[13]一宮，換言之，都是自古以來受日本人祭祀的聖地，歷史也最為悠久。這個現象可不能只以一句「偶然」輕輕帶過。

由於「一宮」本身的淵源與由來已年久失傳，所以到了明治時代，神祇省一手創立了官國幣社制度這項新的神社制度，再依此制度重新指定神社的位格，而自古傳承的「一宮」也得以保存。

我認為這些「一宮」的作用在於「鎮壓脾氣暴躁的神明」，簡言之，是為了鎮壓地震，所以若曾發生讓這些古老神社崩壞的大災難，那至少是二千年之前的事情。

3 鹿島神宮

位於茨城縣鹿嶋市。主神為武甕槌大神。社格為常陸國一宮，是全國約六百處鹿島神社的總本宮。

4 諏訪大社

位於長野縣諏訪市、茅野市、諏訪郡，主神為建御名方神與八坂刀賣神，社格為信濃國一宮，是全國約兩萬五千處諏訪神社的總本社，也是諏訪湖周邊的上社（本宮・前社）與下社（秋宮・春宮）這四社的總稱。

5 砥鹿神社

位於愛知縣豐川市。主神為大己貴命，社格為三河國一宮。

中央構造線與神社

這是記載中央構造線與一宮位置的地圖。可從圖中一眼看出兩個因果關係。目前雖仍無法釐清一宮的由來，但若是為了撫平地震而建，其創建時間點應該可回溯至遠古時期。

於東京斷層建造的神社

話說回來，東京可是有日本首屈一指的大斷層。其規模之大，甚至能將東京都區部剖成兩半。從數值標高地形圖便可一眼發現，西鄉隆盛的銅像（上野公園）便位於這條斷層的尖端。這條南北縱走的斷層東側顏色較淡，西側的顏色較濃，可清楚分辨兩側地勢有著顯著的高低落差。

大致來說，東側的低地為下町，西側的台地為山手。介紹繩文海進的時候曾提過這兩側原本是海洋與陸地，是截然不同的地形。

令人好奇的是，這樣的地形到底是如何形成的呢？在繩文海進的影響之下，海平面經年累月地慢慢上升，陸地也因此被一步步侵蝕，海岸才因此形成鋸齒狀的沉降海岸。反之，若是因斷層形成的海岸，海岸的形狀會較為平整，因為若在短時間內出現明顯的高低落差，就來不及被海水侵蝕。

在東京都境內，這種現象最為明顯的地區為上野赤羽斷層。由於京濱東北線沿著這條斷層的正下方延伸，所以將京濱東北線看成分界線也無妨。

京濱東北線是從神奈川縣橫濱市的橫濱站出發，穿過東京都千代田區的

6 伊勢神宮

位於三重縣伊勢市，主神為內宮的天照大御神與外宮的豐受大御神。正式名稱為「神宮」。伊勢神宮為這裡的內宮、外宮以及於伊勢周邊分布的一二五處神社的總稱。

7 丹生都比賣神社

位於和歌山縣伊都郡，主神為丹生都比賣大神、高野御子大神、大食津比賣大神、市杵島比賣大神。社格為紀伊國一宮，是全國約一百八十處丹生都比賣神社的總本社。

8 伊太祁曾神社

位於和歌山縣和歌山市。主神為五十猛命。社格為紀伊國一宮，現在的日前宮為其舊址。

東京站，止於埼玉縣埼玉市大宮站的JR鐵路的俗稱，全線位於海拔四～十公尺的地區。這條路線的西側原本是陡峭的斷層崖，有不少場所在漫長歲月之中出現各種地形上的改變，所以認不出原本的模樣。

即使如此，從上野的西鄉銅像所在之地直至與埼玉縣做為縣境的荒川南岸，也就是到赤羽台為止的區間，幾乎都還保有原本的樣貌，只有少部分地區改變。在這條斷層之上有不少神社分布，若將這些神社連成一條線，可說是與斷層線完全吻合。讓我們從南至北，依序列出神社吧。

愛宕神社（港區愛宕山）海拔二十五公尺
神田明神（千代田區外神田）海拔二十一公尺
湯島天神（文京區湯島）海拔十二公尺
上野東照宮（台東區上野公園）海拔十二公尺
諏方神社（荒川區西日暮里／諏方台道灌山）海拔二十公尺
平塚神社（北區上中里）海拔二十公尺
七社神社（北區西原／飛鳥山）海拔二十一公尺
王子神社（北區王子本町）海拔十四公尺
王子稻荷神社（北區岸町）海拔十二公尺

● 9 日前神宮、國懸神宮

位於和歌山縣和歌山市。境內有兩座神社，別名為日前宮。日前神宮的主神為日前大神，國懸神宮的主神為國懸大神。社格為紀伊國一宮。紀伊國共有三處一宮。

● 10 大麻比古神社

位於德島縣鳴門市，主神為大麻比古神與猿田彥大神。大麻比古大神就是天太玉命。社格為阿波國一宮。

● 11 阿蘇神社

位於熊本縣阿蘇市，主神為健磐龍命以及其他十一尊神明。社格為肥後國一宮。是分布於全國四百五十處「阿蘇神社」的總本社。

富士神社（北區中十條）海拔二十三公尺
八雲神社（北區中十條）海拔二十一公尺
若宮八幡神社（北區中十條）海拔十五公尺
香取神社（北區赤羽西）海拔二十公尺
赤羽八幡神社（北區赤羽台）海拔十五公尺

坐落於斷層上的神社所肩負的任務

不同地區的居民都各有祀奉的氏神[註1]，在此僅就部分地區解說。

愛宕神社所在之地的愛宕山在東京是極具象徵意義的場所，在東京二十三區的自然的山之中，也是高度最高的山。說是高度最高，其實也只有二十六公尺左右，但在沒有摩天大樓的時代，可從山頂遠眺整片東京灣，甚至可看到房總半島，當然是絕不可錯過的觀光勝地，而這裡的神社也是皇居＝江戶城南方的守護神。

神田明神原本並非坐落於神田，元和二年（一六一六）遷至現址後，這裡便被稱為外神田，但就地理位置而言，這裡更屬於湯島地區。其背後的淵源與平將門有關，相關內容則留待後續的章節介紹。

●12 新田神社

位於鹿兒島縣薩摩川內市，主神為天津日高彥火邇邇杵尊、天照皇大御神、正哉吾勝勝速日天忍穗耳尊。社格為薩摩國一宮。在江戶時代之前，這裡都祀奉著應神天皇、神功皇后、武內宿禰這三位八幡神明。

●13 一宮

從古代至中世挑選的神社，也是社格最高的神社。原則上，一國（註2）只有一社，但也有例外。日本全國約有一百處以上的一宮。

註1：氏神指的是被同一地區的百姓共同祀奉的神明，例如鹿港的媽祖就有類似的地位，而供奉氏神的百姓又稱為氏子。

從德川幕府受封現在這塊土地後（一般認為是基於風水政策的考量），這座神社便建於崖邊。由於背面或周圍都沒有鎮守神社的森林，整座神社便坐落於這塊光禿禿的空地上。由此可知，與其說這座神社是信仰中心，不如說**這座神社明擺著另有任務。**

湯島天神與神田明神的情況相同，境內幾乎草木不生，社殿就赤裸裸地原地佇立。由於所在位置為狹窄的崖邊，所以沒有多餘的空間另外種植樹木，可見得這裡也是基於其他目的建造的神社，次要的目的才是鞏固信仰。順帶一提，這裡原本是由雄略天皇[14]敕令建造的戶隱神社[15]，主神為天手力雄命，神格為大地之神，而現在合祀的主神為菅原道真[16]，神格為天神，與這塊土地沒有半點淵源。由於神社的個別解說已佔了不少篇幅，讓我們就此打住吧。

不管是哪座神社，似乎都是基於特別的意圖而建造。這些神社的**功能應該是「鎮壓」斷層**，其證據在於湯島天神的主神也是怪力之神的天手力雄命，身為文官的道真公應該無力鎮壓地震。

這條斷層線可說是東京沉沒的基準線。假設日後海平面上升或地震引起海嘯，這些零海拔的地區勢必沉入水中，不過也不能就此斷言繩文海進會捲土重來。

註2：古代日本基於律令制所設的地方行政區劃，又稱令制國或律令國。一宮多指令制國之一宮。

14 雄略天皇

日本第二十一代天皇。從埼玉縣稻荷山古墳出土的鐵劍刻有雄略天皇本名「幼武尊（WAKATAKERU）」一事，可確認雄略天皇是西元五世紀末確實存在的天皇。此外，雄略天皇也被認為是於中國史書《宋書》記載的「倭之五王」之一的「倭王武」。據說伊勢神宮的外宮是雄略天皇受天照大御神托夢所建。

15 戶隱神社

位於長野縣長野市，主神為天手力雄命。在日本

繩文海進已結束數千年之久，地形於這段時間產生了各種變化，最明顯的變化便是人類造成的改變，也就是造山與填海造陸。看過數值標高地形圖的讀者或許已經發現這點。

下町的中央部、荒川的河口周圍有一大片區塊與海洋同為白色，雖說這塊區域的確與海洋接近，但東京灣沿岸還是有些許以深色標記的土地。這到底是為什麼呢？

若從現貌來看，下町是一種中間為零海拔地帶，周圍略為隆起的淺寬型盆地。其實這個狀態恰恰驗證了填海造陸的時間差異與時代落差。荒川河口的周邊地區是德川幕府於江戶時代填海造陸的海埔新生地。當時沒有建築工程所需的重型工具機，只能由大量的人力進行相關作業，因此勉強填出陸地後，已無餘力往上堆高。

反觀海岸一帶地勢較為高聳的海埔新生地則是到了現代才施工，換言之，這時絕對是出動最新科技的重型工具機施作的大型土木工程，而且從一開始畫設計圖的時候，就預先防範海平面上升（例如漲潮、海嘯、地球暖化、荒川氾濫）這個問題。再者，現在的堤防過於老舊，已難因應首都垂直型地震或海嘯，所以才會希望另建超級堤防，以國家級專案應對。由於這項工程極為浩大，所以施工的速度也較為緩慢，後續又因民主黨政權反對而

神話故事之中，天照大御神曾將自己關進天岩戶，天手力雄命趁隙將天照大御神拖出天岩戶後，便將天岩戶拋至他處。據傳聞，被天手力雄命拋飛的天岩戶落在現代的戶隱山。戶隱神社由寶光社、火之御子社、中社、九頭龍社、奧社這五社組成。

● 16 菅原道真

菅原道真（八四五～九〇三）是平安時代的貴族、學者、漢學詩人與政治家。受宇多天皇重用，拔擢為醍醐朝的右大臣。遭左大臣藤原時平讒訴後，被貶至大宰府，遂於當地鬱鬱而終。由於死後異象頻傳，當地居民認為是菅原道真作祟，便迎至北野天滿宮奉祀，成為百

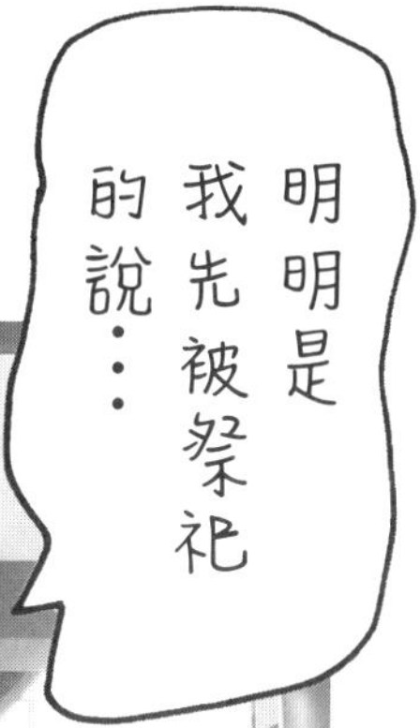

戶隱神社（湯島天神境內攝社）

最初於湯島天神這個地點受祀的是戶隱神社的主神「天手力雄命」，而不是菅原道真這位天神，而天手力雄命目前於本殿右後方的攝社祀奉。湯島天神於四五八年建造後，一直等到一三五五年才開始祀奉天神。當時似乎是受當地居民所託才決定共祀。前往湯島天神參拜之際，務必順路前往戶隱神社參拜。

一度中止，導致進度大幅落後。重新開工後，一切看似順利，但仍祈願趕上進度。

一般認為，一旦發生南海海溝大地震，將出現高度一～二公尺的海嘯，首都垂直型地震則將引起高度二～四公尺的海嘯，目前的堤防絕對無法擋住如此巨浪，海水勢必越過防線，滾滾而來。假設真的決堤，零海拔地區就衍生新的問題，那就是「排水」。若是海拔一公尺的地區，海嘯退潮後，海水會跟著退去，淹水的問題不到一天就自然解決。

但零海拔地區（尤其是負海拔地區）卻不是這樣，即使海嘯與巨浪退去，海水還是會從堤防的缺口湧入，低於海拔的地區也無法等待海水自然排出。只要沒有地勢更低的地區，負海拔地區的海水就無法排至他處，只能一直積水。此時唯一的解決之道就是人工排水。

順帶一提，一旦發生災害，東京下町地區全域都會沒入水裡，連帶地下鐵也會全線淹沒，這全是因為地下鐵的位置比零海拔地區還低，會被海水淹沒也是理所當然的吧。

不過地下鐵早在建造之際就擬訂了因應水災的策略，因應的第一步就是封鎖地面的出入口，同時也於各處預備了完善的排水設施，以便因應淹水的問題（其實地下鐵常有地下水積水的問題）。

姓信仰的天神。現代則是眾所皆知的學問之神。

彌生時代

渡海而來的技術・見沼田圃

二三〇〇年前，由須佐之男開創的關東王國

武藏國的中心地曾是大宮

明治初期之前，東京都與埼玉縣都屬同國，其國名為眾所周知的武藏國。

武藏國的中心地曾是國府（國司施行政務之地）的府中（東京都府中市），而國府首次設立是於西元八世紀初，在此之前，武藏國造[1]的根據地「大宮」（埼玉縣埼玉市）才是中心地。

恐怕這裡從繩文時代開始一直是武藏國的中心地。

順帶一提，這個位置位於現代的冰川神社[2]周邊，而國府的所在位置則在現代的大國魂神社[3]周邊。

說個題外話，大宮的冰川神社是武藏國的一宮，這意味著東京都與埼玉縣同為武藏國時，這裡曾是武藏國的中心地，而過去的體制似乎也是「政教合一」。

明治維新時期，東京與埼玉被刻意一拆為二，一方失去祭祀中心，另一方則失去國府這個政治中心。

再插個題外話，這個國的地方自治也是時候該重新編制，而我有一個提案提供大家參考。

1 國造

治理古代日本各地的長官，類似現代的都道府縣知事。至今仍有某些國造家系繼承出雲大社或阿蘇神社這類神社。

2 冰川神社

位於埼玉縣埼玉市，主神為須佐之男命、稻田姬命、大己貴命。社格為武藏國一宮，是東京都、埼玉縣境內約二九〇處冰川神社的總本社，創立至今約二四〇〇年。

3 大國魂神社

位於東京都府中市，主神為大國魂大神。大國魂大神就是大國主命，武藏國一宮至六宮會共同祭祀大國魂大神，一宮為小野神社（東京都多摩市）、二宮為二宮神社（東京都那就是將東京二十三區劃為獨立的東京特別行政區，其他地區的東京都則與埼玉縣重新劃分為「武藏縣」，大家覺得這個提案怎麼樣？若真有機會實現，我想住在武藏縣，不過居住地點可不能公開。

一如介紹繩文海進之時，東京灣曾深入內陸（古東京灣），埼玉市在當時也位於海邊。這意味著，即使東京灣曾深入內陸，地勢仍舊平坦的地區就是關東平原。因富士山火山爆發而形成的關東平原是日本最為遼闊的平原，環顧四周，盡是平坦地勢。

關東平原的西北方有二荒山、淺間山至秩父連山的群峰橫亙，其中聳立於西北方的**淺間山被譽為「冬至日出之山」，自古以來就是特別的信仰之地**。

眾所周知，冬至是一年之中夜晚最長的一天，越接近冬至，日照時間越短，冬至當天的日照時間縮至最短，接著日照時間於隔天開始慢慢拉長，所以古代將冬至的隔日視為每年的第一天。

地理風水學認為越接近冬至，「陰氣」越盛，冬至之後轉為「陽氣」，就結論而言，冬至的隔天等於是全年的「黎明」。

冬至本來是「曆法的基準日」，所以淺間山在關東一帶的地位有多麼重要，想必大家已經明白了吧。

還有一座相當重要的山。關東平原的東北方至東南方雖沒有較為顯眼的

akiru野市）、三宮為冰川神社（埼玉縣埼玉市）、四宮為秩父神社（埼玉縣秩父市）、五宮為金鑽神社（埼玉縣兒玉郡）、六宮為杉山神社（神奈川縣橫濱市）。此時的冰川神社則為武藏國的三宮。

山峰，但唯一會於此時進入視野的就是筑波山。

一般認為，於此地定居的古代人會**遙拜富士山、淺間山、筑波山，重視自然崇拜的習慣**。

這幾座山的相對位置請參考四十三頁的圖。

其交點就是武藏國一宮的冰川神社，也是關東最古老，規模最大的神社。

既然是武藏國的一宮，當然也是東京的一宮。東京都內雖以山王日枝神社[4]或神田明神[5]聞名，但其實冰川神社的社格都在這些神社之上。

這裡是古代關東的中心地，曾於此地繁榮的朝廷正殿「大極殿」也曾位於此地。在**大和朝廷之前，關東王國曾於此地盛極一時，其「初代之王」、「建國之父」應該就是於此地受祀**。

冰川神社祭祀的主神應該就是此人。冰川神社的主神為須佐之男命、稻田姬命、大己貴命這三尊神明。

大家想的沒錯，須佐之男正是關東最初的王啊！

冰川神社的祕密

大宮的冰川神社是武藏國一宮、宮幣大社，也是關東一帶最古老、規模

●4 山王日枝神社

位於東京都千代田區，主神為大山咋神。起源是於一四七八年太田道灌建造江戶城之際，將川越日枝神社請入城內，做為鎮護之神，等到德川家康移封江戶，又遷至城內的紅葉山，成為鎮守江戶城的神社。江戶三大祭與日本三大祭之一的山王祭正是於此舉辦。

●5 神田明神

位於東京都千代田區，一宮的主神為大己貴命（大黑天），二宮的主神為少彥名命（惠比壽），三宮的主神為平將門命（將門）。正式名稱為神田神社。根據社傳記載，神田神社一開始是出雲一族於七三〇年在現代的將門首

最大的神社，更是全國二九〇處冰川神社的總本社。

不止如此，其分布的情況更是令人吃驚。東京都內共有六十九處，埼玉縣更有一八二處，換言之，單是武藏國就有二五一處之多，其餘關東各縣就少得多，例如茨城縣只有二處，櫪木縣二處，千葉縣一處，神奈川縣三處。

明明是聲名遠播的神社，實質卻是「武藏在地神社」。

不過，以須佐之男為主神的神社分成多種系統。

其中供奉數量最多的系統為八坂神社[6]（祇園社），但一開始這個系統的神社只供奉牛頭天王[7]，須佐之男神是後來才追祀。

數量次多的便是冰川神社。

由冰川神社鎮守的土地自古被稱為「大宮」。大部分的埼玉縣縣民都知道「埼玉市」在與浦和市這類城市合併之前稱為「大宮市」，而且是埼玉縣最大的都市。

想當然爾，「大宮」這個地名源自於此地鎮守的冰川神社，意思就是「大型的宮殿」。

該神社的「淵源」則有下列的記載。

「隨著大和朝廷的威光遍及東方，神社的地位也變得崇高」。

換言之，**大和朝廷是透過利用冰川神社的威信宰制東國**，冰川神社的地

塚周邊祭祀大己貴命，後來又於一三〇九年祀奉平將門。一六一六年，遷址至相當於江戶城表鬼門（註：陰陽道的東北方，之後會介紹）的現址。一八七四年，明治天皇巡幸之際，將平將門排除在主神之外，另外從茨城縣大洗磯前神社請來少彥名命代替。平將門神靈雖被遷至境內攝社，又於一九八四年重返本社主神之列。

● 6 八坂神社

位於京都府京都市，主神為素戔嗚尊、櫛稻田姬命、八柱御子神，因祇園祭而知名。直至明治時期的神佛分離令頒佈之前都稱為祇園社，長期供奉牛頭天王。

位有多麼崇高也就不言而喻了吧。

但讓人不解的是，為何大和朝廷並未討伐冰川神社，而是選擇尊重與共存共榮的道路呢？其理由究竟何在？

從九州往東進軍，屢屢征討各地世族，一心朝統一全國之路邁進的大和朝廷，究竟對冰川神社存有何種「顧忌」呢？

是畏懼「信仰」的力量嗎？抑或在意「經濟」的力量？

當然是「信仰」的力量吧。

不過大和朝廷早在各地已遭受信仰力量的阻撓。

以瀨戶內海全域為信仰圈的大三島的大山祇神社[8]、以備前一帶為信仰圈的吉備津神社[9]、以紀伊一帶為信仰圈的熊野三社[10]、以大和一帶為信仰圈的大神神社[11]，陸陸續續被納入大和朝廷的統治旗下。

那麼冰川神社有何特別之處？答案就藏在第二個「淵源」裡。

「神社鎮守之地位於大宮台地之上，其地點落在如鼻尖突出之地，因而這一帶的地名又稱高鼻町。神社的東側曾有名為見沼的廣大湖泊，造就此地的肥沃。冠有「神沼」、「御沼」之名的見沼賜下豐厚的神聖之水，於江戶時代開發的見沼溜井也是周長約三十九公里的大型蓄水池。（略）見沼周遭的土地異常肥沃，東西南北的交通也非常方便，致使在地居民日漸繁榮，

●7 牛頭天王

是起源不明的習合神（註：神道與佛教相融而生的神明），一般認為是釋迦傳法之地「祇園精舍」的守護神，在日本也被視為是素戔嗚尊。全國各地的祇園社、天王社都從相當於八坂神社的祇園社請來牛頭天王祀奉。

●8 大山祇神社

位於愛媛縣今治市，主神為大山積神，社格為伊予國一宮，是全國山祇神社（大山祇神社）的總本社。主神「大山積神」也被稱為「三島大明神」。從此處分靈的三島神社以四國為主要信仰圈，後來分布至新潟縣或北海道等地。

●9 吉備津神社

冰川神社的位置

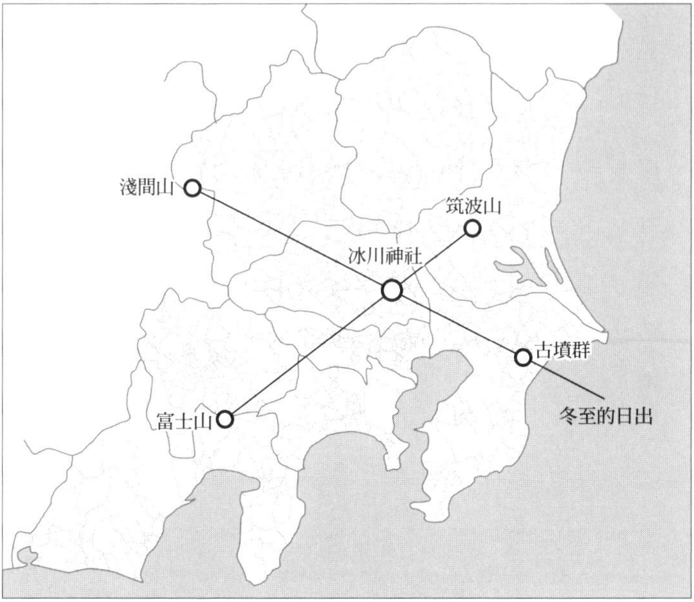

將筑波山與富士山連成一條直線，以及淺間山與埼玉古墳群連成一條直線後，其交叉點就是冰川神社的所在位置。從圖中可一眼看出，冰川神社是以天心十字法決定位置。冰川神社以及同體系的冰川女體神社、中山神社呈直線排列，從排列方向可得知這三社的地點與夏至、冬至的太陽軌跡息息相關。

才奠下今日之富庶」。

冰川神社雖被如此尊崇，而且是關東一帶淵源最為深遠的神社，但在大宮地區卻幾乎沒留下相關的遺跡與文物。

冰川神社的神殿在明治十五年（一八八二）與昭和十五年（一九四〇）改建之前，外觀仍屬樸實。

此地沒有大規模的古墳，也沒有古代城廓的遺跡，更沒有足以名留青史的重要遺物（只挖出為數眾多的繩文土器或彌生土器）。

盡管沒有輝煌的文物出土，明治天皇在明治維新之後，從京都移居東京的第四天（明治元年十月十七日），就立刻將冰川神社定為武藏國總鎮守的「敕祭社」[12]，而且第十天立刻巡幸大宮，隔天的二十八日也親自舉行御親祭。

冰川神社會如此受重視，當然是因為在所有關東神社之中，這裡是第一座神社，也是最為特別的存在。明治天皇曾於明治三年（一八七〇）再次前往參拜。

直至今日，冰川神社仍被「如此禮遇」。

盡管冰川神社受到特別關照，卻幾乎沒有能徹頭徹尾介紹冰川神社的研究書籍。

位於岡山縣岡山市，主神為大吉備津彥命，社格為備中國一宮。原本為吉備國的總鎮守神社，後因吉備國一分為三（備前、備中、備後），成為備中國一宮，又分靈至備前國與備後國的一宮（備前：吉備津彥神社、備後：吉備津神社），因此備中的吉備津神社又稱為「吉備總鎮守」。

● **10 熊野三社**

熊野本宮大社（和歌山縣田邊市）、熊野速玉大社（和歌山縣新宮市）、熊野那智大社（和歌山縣東牟婁郡）的總稱，也是日本全國三千處熊野神社的總本社。

● **11 大神神社**

位於奈良縣櫻井市，主

冰川神社

冰川神社是每年一月一日，天皇朝祭拜天神地祇之際，向四方遙拜的神社之一。此時天皇祭拜的天皇陵與眾神分為伊勢神宮、天神地祇、神武天皇陵與先帝三代的各山陵、冰川神社（武藏國一宮）、賀茂別雷神社、賀茂御祖神社（山城國一宮）、石清水八幡宮、熱田神宮、鹿島神宮（常陸國一宮）與香取神宮（下總國一宮）。

古代史研究學家尤其以幾近忽略的方式看待冰川神社。或許這是因為勾起研究學者興趣的事物、文獻或考古遺物極端不足吧。

但事實果是如此嗎？淵源如此深長、皇室如此重視，卻「什麼都沒挖到」才讓人覺得不可思議吧？正因如此，我才對冰川神社另眼看待。

須佐之男究竟是何人？

在眾多以須佐之男為主神的神社之中，冰川神社是實質上數量最多，規模最大的神社，在二九〇處之中，百分之八十六的二五一處全集中於舊制的武藏國，也就是埼玉與東京這兩個地區。

這項事實說明了什麼？

若題目是問「全國性」的神社，理應想起稻荷神社[13]或八幡神社[14]，因為日本全國各地到處可見這兩種神社。

不過冰川神社卻一如所見地集中。這代表**冰川神社並非「全國性」神社，而是關東，進一步來說是屬於武藏國的「地區性」神社**。

這意思是身為主神的須佐之男是「地區性」的神祇嗎？

其實除了八坂神社，仍有少數神社是以須佐之男為主神。

神為大物主大神，社格為大和國一宮。以三輪山為神體，所以沒有本殿，是日本最古老的神社之一。

● **12 敕祭社**

於祭祀之際，由天皇派遣敕使前往的神社。除了冰川神社之外，明治神宮、靖國神社（東京）、春日大社（奈良）、出雲大社（島根）、熱田神宮（愛知）、宇佐神宮（大分）都是敕祭社，日本全國共有十六處敕祭社。

● **13 稻荷神社**

祭祀稻荷神（食物之神「宇迦之御魂」）的神社。伏見稻荷大社（京都府京都市）為總本宮，狐狸是其僕從。

● **14 八幡神社**

祭祀八幡神（應神天

雖然大多數隸屬八坂神社系統的神社都是祭祀牛頭天王，但也有須賀神社（二九〇處以上）、須佐之男神社（一五〇處以上）這類從最初就供奉須佐之男的神社。

盡管祭祀的都是同一尊須佐之男，但是性格卻不一定相同。這是因為須佐之男神是多重神格融合而成的複合神。

其實每個人都知道，在須佐之男神話的前半段與後半段裡，須佐之男幾乎是判若兩人，前半段的須佐之男是於高天原為非作歹，最後被封住力量，逐至凡間的「大罪人」，到了後半段卻是為百姓降伏八岐大蛇，替國土帶來繁榮的「大英雄」。

各位讀者是否覺得須佐之男的個性真的迥然有異呢？

一說認為這是因為須佐之男「洗心革面」，但這種說法不太能說服我，唯一能確定的就是須佐之男不是「單一神格」的神明，這意味著很難被奉為主神祭祀。

有關須佐之男與大國主[15]的神話稱為「出雲神話」，但《日本書紀》卻幾乎沒提到這個出雲神話。

反觀《古事記》則可說是以「出雲神話」為主的古籍（我向來認為《古事記》是為了出雲所寫）。

皇）的神社。也稱八幡神社、八幡社或八幡大人。宇佐神宮（大分縣宇佐市）為總本宮。

●15 大國主

指的是大國主命。大國主擁有很多名字，例如大己貴神、葦原色許男大神。與須佐之男的女兒須勢理毘　命結婚後，與少彥名一同造國與治理天下，後來將國家讓給天照大御神的使者，轉身前往冥界。是出雲神話的主角，受祀於出雲大社。

我不打算繼續深究，踏入「記紀論」的領域，但請各位讀者將出雲神話視為次要路線的神話，而非主軸路線的神話，也要記得出雲神話是正反元素併存的故事。

這才是冰川神社偏於一隅的理由之一。

這裡希望大家理解的是，被奉為冰川神的人物是於遠古時期統治武藏一帶的人物，意味著要將視線轉向早於[16]德川家康、[17]太田道灌，甚至早於[18]平將門的古代關東。

道灌與家康將千代田當成自己的居城，在此之前，將門則將府中視為自己的居城，但在更早之前的年代，曾有位人物將眼光放在見沼之畔的大宮。

在此之前，關東未曾出現一統天下的政權，所以這位人物可說是首位一統關東的人物。

一般認為，是他將皇城設在見沼，也曾統一關東，死後於冰川神社受祀為神，自此，廣受百姓膜拜。

不過這個「國」被迫讓給大和政權，見沼也被填為平地。填平見沼每寸角落的德川不啻是在「破壞風水」！「關東王國」因此幾近銷聲匿跡。

最後雖由明治天皇「重振聲威」，過去的雄姿卻已於深不見底的黑暗消失，為世人所遺忘。

●16 德川家康

德川家康（一五四三～一六一六），於現代的愛知縣岡崎市誕生。童年時期於今川家做為人質，後因今川義元死於桶狹間之戰，才有機會治理三河、遠江。由於征討小田原有功，受豐臣秀吉轉封北條的領地，也於當地持續開墾。於關原之戰擊敗豐臣陣營之後，一六〇三年受封征夷大將軍，並於江戶設立幕府。死後於日光東照宮受祀，神格化之後，被尊為東照大權現。

●17 太田道灌

太田道灌（一四三二～一四八六）。室町時代後期的武將，也是統領關東的扇谷上杉家家臣。除了戰功彪炳之外，也建造了

大國主讓渡之國

距離大宮三十公里北側的行田市有一處稻荷山古墳[19]，這座古墳在發現鐵劍上的「文字」之後才有今日名氣之盛，但在此之前，誰都不知道這裡是如此重要的遺跡。

稻荷山古墳一名也只是因為墳頂祭祀著小尊的稻荷神而得名，並非實際登記在案的名稱。

由於這座古墳「像是坐落於水田的小山」，所以當地人都稱其為「田山」，又因狀似葫蘆而被稱為「瓢簞山」。這座古墳就如四處可見的景物融為風景的一部分。

因此，稻荷山古墳未曾被當成遺跡保護，到了昭和十二年（一九三七），前方部分的土方還被挖得一乾二淨，目的僅是為了填平沼澤。

由於遭到挖空的前方部分被視為水田的一部分，所以在昭和四十三年（一九六八）進行學術調查之前，這處遺跡都只被當成一座「圓墳」。

即使是在古墳繁多的埼玉縣，稻荷山古墳也是規模次大的前方後圓墳，一般認為是於古墳時代後期的五世紀後半建造，這也是早於《古事記》與

江戶城。可惜最後因功高震主，被其主上杉定正暗殺。

● 18 平將門

平將門（生年不詳～九四〇）。平安時代中期的關東世族。是受封平氏之姓的高望王的三男平良將之子，也是桓武天皇的第五代子孫。起兵叛亂後自稱「新皇」，企圖自立東國，最後卻被當朝鎮壓（史稱承平天慶之亂）。

● 19 稻荷山古墳

隸屬由九座大型古墳組成的埼玉古墳群，外觀為古墳時代後期五世紀後半的前方後圓墳。於此出土的鐵劍或其他國寶已於埼玉縣立SAKITAMA史跡博物館展示。

《日本書紀》兩百年的古代。由於土方被拿去填平沼澤，所以無法估測塴的規模，但光是墳丘部分的長度就有一百二十公尺，後圓部分的直徑達六十二公尺，經過修復的前方部分也有七十四公尺。

另外值得注目的部分是古墳的「方向」。墳丘的中心軸居然正對富士山。請大家想像一下五世紀的關東平原，若是天氣晴朗，可從墳頂眺望遠在一百公里處的富士山正面。

內含稻荷山古墳的「埼玉古墳群」是日本全國屈指可數的古墳群。除了稻荷山，仍有八座前方後圓墳以及一座大型圓墳，其中還包含規模更大的二子山古墳。屬於圓墳的丸墓山古墳的直徑高達一〇五公尺，是日本國內規模最大的古墳。

過去這周圍有三十五座小型圓墳與一座方墳，一般認為是陪臣的墳墓，但後來也於昭和時期，因先前提到的沼澤填平工程而被挖空，此等無可挽回的失策只有愚不可及與遺憾足以形容。從古墳群的規模來看，其周圍應該曾有「小國家」或是「地方政權」存在。

眾所周知，大和朝廷的相關研究因挖出大型城廓遺址而不斷進行，民眾也知道這些城廓周圍有許多大規模古墳存在。

如此看來，葬於埼玉古墳群之中的王族，應該曾於某處「建國」才對。昭和四十三年（一九六八）的稻荷山古墳學術調查挖出金錯銘鐵劍（稻荷山鐵劍）後，一時間雖蔚為話題，但如此的陪葬品除了出自「王族」，實在難以另做他想。

而且全長超過一百公尺的巨型前方後圓墳有好幾座，代表這個政權曾維持數代之久。

盡管如此，卻未發現任何與這個政權有關的蛛絲馬跡。

金錯銘鐵劍的表面刻有五十七個字，背面刻有五十八個字，總計共有一一五個字，其中記載著效忠獲加多支鹵大王（雄略天皇）的乎獲居的功績，而金錯銘鐵劍也被歸類為古代史的第一級資料（於一九八三年指定為國寶）。

從上述史料可以得知葬於稻荷山古墳的是直屬大王（天皇）的人物。從被委任治理關東一帶以及五世紀的時代背景來看，葬於此地的不是皇子這類王族，否則就是足以與王族匹敵的地方世族。

如此有系統的政權應該會有政廳或是城鎮，而且絕對是有模有樣的政權，因為單單是建造前方後圓墳就需要不少人力。

那麼這些前方後圓墳又在何處？為什麼會找不到呢？

既然這地方的古墳有許多難以倖存，那麼這些古墳的遺跡或遺址也有可能被夷為田地，還是說，其實這些遺跡或遺址正於關東壤土層之下沉睡？一如那著名的「龐貝古城」[20]！

若事實果真如此，不往地下探勘，就無法得知真相。目前唯一知道的是，這些遺跡或遺址一定「位於某處」。

順帶一提，關東壤土層就是於關東平原沉積的火山灰總稱。關東地區的西南邊緣有富士山、箱根山、愛鷹山這些火山，西北邊緣則有淺間山、榛名山、赤城山與男體山這些火山。

這些火山常常爆發，尤其是大規模的爆發時，大量的火山灰都會沉降於關東平原，因此將關東平原形容成是由這些火山灰堆積而成也不為過，自古以來，許多生活遺跡都埋於其下。

再者，由於關東壤土層的形成原因不明，德國地質學者大衛布朗斯於明治十四年（一八八一）直接將這塊地區命名為關東壤土層。這塊地區後續雖經過不少研究，但形成果程還是難以釐清，而且範圍過廣，地表已有許多城鎮形成，實在難以深入調查。

不過，這塊**關東壤土層之下，極有可能埋著古代都市**。要想挖出真相，只能等待大規模的再次開發，讓這些都市遺跡在偶然的機會下重見天日了。

●20 龐貝古城

曾經於義大利拿坡里近郊存在的古代都市，因西元七十九年維蘇威火山爆發被火山碎屑流埋入地底（五公尺至二十公尺深），已登記為聯合國教科文組織世界遺產。

●21 冰川女體神社

位於埼玉縣埼玉市，主神為奇稻田姬命，也是須佐之男的妻子。冰川神社為男體社，而這裡的神社則為女體社。除了冰川神社與冰川女體神社之外，見沼周圍還有中山神社（別稱：中冰川神社）。被視為一體的這三處神社位於同一條直線上，每逢夏至，太陽會於冰川神社西下，每年冬至則於冰川女體神社升起。

現代的荒川是流經大宮西側，但古代是流經東側，其河畔、河地自然形成的沼澤地就是見沼。

荒川的規模甚大，流域又屬於平原，所以出現了罕見而廣袤的溼地，也因為是低淺的沼地，所以不同於一般在平原耕地，必須另外引水的「水田開發」，這裡可說是種植水稻的最佳場所。

其實這塊地區在江戶時代之前都是水田，直到現在也都被稱為「見沼水田」（有部分地區已轉為住宅地區）。

雖然見沼大部分地區已被填為廣大的水田或公園，卻仍可窺見些許早期留下的痕跡。

佇立於該公園中心丘陵地的正是冰川女體神社[21]。

若有機會，請大家務必站在神社入口，一邊眺望腳下廣闊的「見沼」，一邊遙想「古代之王」也曾站在這裡眺望見沼一帶。

由須佐之男所建，後由其子大國主讓渡的國家，不禁讓人懷疑就是以武藏為中心地的關東之國。

古墳時代

日本武尊的咒術

讓逆民臣服的宗教教化活動

日本武尊於東京殘留的足跡

想必大家都知道東京有不少與日本武尊[1]有關的土地或神社吧。

我的兒子念的是東京都立的完全中學，其校歌居然提到日本武尊。這六年一直掛在嘴邊唱著（而且十二歲到十八歲是情緒最容易有所悸動的時期），看來日本武尊深深烙印在我家兒子的腦海裡了。

只是《古事記》與《日本書紀》很常提到神奈川、千葉與埼玉這類與日本武尊有關的地區，卻從沒提過東京，不過當時是只有「武藏國」這個名稱的古代，現代的行政區域劃分當然也不具特別意義，尤其那時不僅沒有東京，連江戶這個名稱都還沒出現。

關東有許多與日本武尊淵源極深之地，意味著日本武尊的「東征傳說」、「東征神話」就是與統治關東有關的內容。在大和朝廷眼中，關東是一塊無論如何都要咬在嘴裡的肥肉，是一處極富魅力的土地。

東京雖然未於《古事記》或《日本書紀》登場，卻有許多神社在傳說中是由日本武尊所建。其中最為有名的神社應屬根津神社[2]（根津權現／文京區根津）。這裡常有時代劇來借景，只要看了照片，一定會覺得似曾相識。

● 1 日本武尊

第十二代景行天皇皇子，第十四代仲哀天皇之父，曾討伐熊襲一族與東國。東征之際，從伊勢神宮齋宮的叔母倭姬手中接下草薙劍。東征結束後，與尾張的宮簀媛（又名美夜受姬）成婚，卻將草薙劍交給宮簀媛保管，赤手攻打伊吹山的神明，也因此殞命。《常陸國風土記》將日本武尊記為倭武天皇或倭建天皇。

● 2 根津神社

位於東京都文京區。主神為須佐之男、大山咋命、譽田別命，據說是於一九〇〇年前，由日本武尊創祀。文明年間（一四六九～一四八六），太田道灌於此建造社殿，其社殿被指定為重要文化財產，每逢躑躅祭或是適合參拜的好日子，其熱鬧程度在東京也是首屈一指，參道兩旁也排滿了受外國人青睞的魚店、糖果店、蕎麥麵店。

根據神社的記載，根津神社是於一九〇〇年前創建，目的是為了替[3]景行天皇第二皇子日本武尊出征祈福。

只是記載裡的神社當然不會位於現址，因為根津神社原本位於千駄木團子坂上方，後來才遷至原為德川第六代家宣大宅的現址（雖是遷址，也不過往南移動了三百公尺），建築物的設計也極為華麗。只可惜現在地只有海拔九公尺，算是位於谷底，若是在團子坂上方的原址，高度就有海拔二十公尺。

一般認為，[4]榊神社（第六天榊神社／台東區藏前）是日本武尊親自獻上白銅鏡所建，建造的時間點為景行天皇四十年。原本位於鳥越（自鳥越神社分靈），享保四年（一七一九）遷至柳橋一丁目，後續又於昭和三年（一九二八）遷至現址。

主神為面足尊與惶根尊，不管是《古事記》還是《日本書記》，這兩位主神都被歸於最初的[5]神代七代，也是最古老的神祇。進入神佛習合的時代

而現在的神殿是於寶永三年（一七〇六年）所建，已被指定為國家重要文化財產。

● 3 景行天皇

第十二代天皇，為第十一代垂仁天皇皇子，日本武尊之父。

● 4 榊神社

位於東京都台東區，是第六天社的總本宮，原本的主神為佛教的第六天魔王。目前的主神為面足尊與惶根尊，這兩尊神明皆為神代七代的第六代。

● 5 神代七代

《古事記》曾提及多位神明，自別天津神之後登場的國之常立神到伊邪那岐神、伊耶那美神，共有十二尊神明，這十二尊神明分為七代，而神代七代

（江戶時期）之後，與濕婆神[6]融為一體，後來又於明治時代分離。

鳥越神社[7]（台東區鳥越）在榊神社分靈他處後，仍是當地的信仰中心，尤其鳥越的夜祭與大國魂神社（東京都府中市）同等有名。一般認為，鳥越神社的創建之地為日本武尊的行宮[8]，曾是東征的據點。

傳說中，日本武尊死後化身為白鳥，而這裡最初似乎是緬懷日本武尊最後身影的白鳥神社，根據《新編武藏風土記》記載，創建時間為白雉二年（六五一）。永承年間（一〇四六～一〇五二），源賴義與其子義家征討奧州（前九年之役）途中曾行經此地。據說這對父子看到白鳥飛越大川（隅田川），便得知此處為淺灘。隨即父子倆便聲稱此為白鳥明神加持，進而授予鳥越神社這個社號。

妻戀神社[9]（妻戀稻荷／文京區湯島）也傳承了日本武尊的傳說。相傳日本武尊為了東征從三浦半島渡往房總半島時，突遇暴風雨來襲。在即將沉船的危難之際，其妃弟橘姬投身於海，才令海神的怒氣平息。

繼續踏上東征之途的日本武尊後於湯島紮營，當地的土著為了撫平日本武尊的喪妻之痛，特別在此創建神社，而這就是妻戀神社的由來（也被認為是行宮）。

順帶一提，妻戀神社也建於湯島的高地（海拔二十公尺）。發生海嘯時，則為這十二尊神明的總稱。

6 濕婆神

印度教的神祇，梵文的意思為「吉祥者」，在現代印度教之中，是最具影響力的三位主神之一。

7 鳥越神社

位於東京都台東區，主神為日本武尊。直至江戶時代之前，此處共有三間神社，佔地面積廣大。熱田神社已遷往今戶，第六天榊神社則移往藏前，當地目前僅剩一社。

8 行宮

天皇巡幸之際臨時設立的住所。

9 妻戀神社

位於東京都文京區，主神為倉稻魂命、日本武尊與弟橘姬。一般認為，這就是當地居民祭祀日本武

根津神社

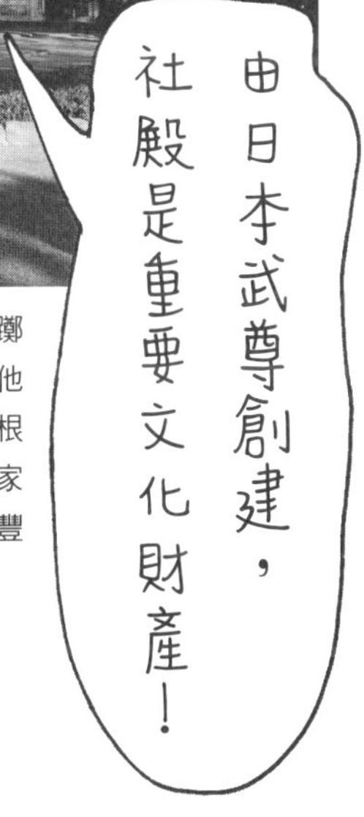

躑躅（杜鵑）的名勝，每年四月至五月都會舉辦「躑躅祭」，吸引大批人潮參加。森鷗外、夏目漱目與其他日本文豪多於附近設居，因此留下不少相關的遺址。根津神社原為德川第六代將軍家宣大宅遺址，境內也有家宣的胞衣塚（埋葬胎盤、胎膜之地），是可看之處很豐富的神社。

附近的人們都會躲進神社境內。由於社殿從裡到外都塗成白色，一眼就能看出神社的所在地點。

如此直接表達愛妻之意的神社還有不可不提的吾嬬[10]（aduma）神社（墨田區立花）。據說這座神社也是由日本武尊所建，裡頭供奉的是被海水吞噬的妻子的遺物，思念亡妻的低語「adumahaya」（吾妻啊）則是語源（據[註]說「東」會讀成「aduma」也是這個緣故）。

由於是日本武尊所建，所以時期應該落在景行天皇年間吧。

儘管遺跡如此之多，但不管是《古事記》還是《日本書紀》，都沒有日本武尊曾來過東京的相關記載，踏足駿河（靜岡縣）、相模（神奈川縣）、下總（千葉縣）、常陸（茨城縣）、武藏（埼玉縣）、甲斐（山梨縣）的記載倒是有，卻找不到任何與東京（武藏南部）有關的蛛絲馬跡。

只是，東京四處可見日本武尊的傳說。那就是「神社」。而且東京都內也有不少以日本武尊（倭建命）為主神的神社。例如富岡八幡宮（江東區）、下谷神社（台東區）、鷲神社（台東區）、大鳥神社（目黑區）、花園神社（新宿區），東京都內居然有高達一百一十處以日本武尊為主神的神社！埼玉縣的這類神社也剛好是一百一十處，換言之，有二百二十處神社位於武藏國境內（＊全國則有超過一九〇〇處）。

尊與弟橘姬的起源，後來才又追祀稻荷明神。

● 10 吾嬬神社

位於東京都墨田區，主神為弟橘姬命。這座神社所在地的地名「立花」（tachibana），便是源自於弟橘姬（ototachibanahime）之名。

註：平安時代，京都的貴族將關東稱為「東（aduma）」。據說日本武尊東征時，行經關東，妻子為平息海神怒火投海，日本武尊感嘆地喊著「吾妻」（aduma）所以這個讀音既可寫成東，也能寫成吾妻。

容我重申一次，**在日本武尊的東征之途裡，東京未曾於《古事記》與《日本書紀》登場，卻創建了如此多處的神社。**難道這是「征伐」的成果嗎？不可能是這樣吧？

犧牲自己，救日本武尊於海難的妃子弟橘姬。

思念妻子，終日感嘆「吾妻啊」的日本武尊。

後續會衍生出「aduma」這個地名，想來也是理所當然，這地方的居民也很喜歡如此富有感情的日本武尊吧。這與「征伐」是截然不同的情緒吧？

日本武尊是天皇？

各位讀者不會覺得很不可思議嗎？日本武尊明明打算遠征出雲、肥後與關東，卻只帶了寥寥可數的部下，而且對手還是古代的世族豪門，這樣怎麼會有勝算？

難道在東征時，特別繞道伊勢，從叔母[11]（倭姬）手中接下草薙劍這柄神劍，就足以討伐東戎嗎？

這情節怎麼兜也兜不攏吧？因為草薙劍是在靜岡縣被火攻時，以劍砍草開路，所以才得此命名。

● 11 倭姬

第十一代垂仁天皇的皇女。為了繼承豐鍬入姬奉祀天照大御神之責而展開尋找奉祀天照大御神的土地，從大和國出發，行經伊賀、近江、美濃、尾張諸國後，進入伊勢之國，後依神喻，創建皇大神宮（伊勢神宮內宮）。現今於伊勢神宮內宮別宮的倭姬宮祀奉。

真的就只是這樣，不管是《古事記》還是《日本書紀》，這柄神劍只在「砍草開路」的這段情節登場，乍聽之下，這柄神劍好像是把鎌刀吧。的確，這柄神劍曾幫助日本武尊逃出生天，但似乎僅止於此。

若另有砍下敵人首領的頭顱或是斬退來犯的一百名敵軍這類英勇事蹟，或許真能稱為神劍。但不管是草薙劍還是佩戴這柄劍的日本武尊，都沒有什麼勇猛的傳說，甚至日本武尊在肥後還換上女裝，在出雲還偷偷以木刀調包敵人的劍，淨幹一些偷雞摸狗的事，所以來到東京後，才會不管去到哪裡，都只是一味感嘆亡妻。

沒想到單憑這麼點事，就被奉為英雄。我只能說，**日本武尊唯一擅長的事，就是以咒術把敵將耍得團團轉。**

草薙劍原本被稱為天叢雲劍，據傳說，是須佐之男擊敗八岐大蛇時，於八岐大蛇的尾巴發現的神劍，由於八岐大蛇的尾巴上方時有雨雲籠罩，所以才被命名為天叢雲劍。

後來這柄神劍被獻給天照大神，成為伊勢神宮的鎮宮之寶，後來又從伊勢神宮的齋宮，也就是日本武尊的叔母倭姬傳給日本武尊。

日本武尊於遠征之地的燒津（靜岡縣）遭受火攻時，曾用這柄劍砍開草叢逃生，之後居然將這柄劍忘在熱田的宮簀媛手中，導致於伊吹山陣亡。這柄草薙劍後來便成為熱田神宮[12]的御神體，直至今日仍託管於熱田神宮。

今時今日，不管哪一代的天皇都沒看過這三種神器[13]，但其實熱田神宮留有多筆「實見記錄」，真有人偷偷看過。如果證言屬實，這把神劍為雙刃白銅劍。

日本武尊受其父景行天皇之命討伐熊襲，班師回朝後隨即受命遠征東夷。此時不知何故，大幅偏離原定路線，前往伊勢神宮，從叔母倭姬手中接下天叢雲劍（此時當然還沒出現草薙劍這個名稱），才又踏上征討東國之途。

倭姬為垂仁天皇[14]的第四位皇女，曾為了足以安置大和宮的三種神器之二的草薙劍與八咫鏡而移駕各地，最終將伊勢之地選為神器坐鎮之地，而這裡就是眾所周知的伊勢神宮。

因此，倭姬也成為第一代的齋宮，也就是伊勢神宮的最高權力者、天皇的名代、國家的宗教權威象徵。

三種神器之一的天叢雲劍從齋宮倭姬手中交給日本武尊，這**無疑是一種繼承皇位的儀式**。假若日本武尊能平安歸來，必然可坐上天皇玉座，成為下任天皇。

● 12 熱田神宮

位於愛知縣名古屋市，主神為熱田大神，意即以草薙劍為神體的天照大御神。一般認為，是日本武尊的妃子宮簀媛為了奉祀草薙劍而於此地蓋了熱田神宮。

● 13 三種神器

指的是天孫降臨之際，瓊瓊杵尊從天照大御神手中接下的鏡子（八咫鏡）、玉（八尺瓊曲玉）與劍（草薙劍），由日本歷代天皇繼承。

● 14 垂仁天皇

第十一代天皇，第十代崇神天皇的皇子，第十二代景行天皇與倭姬之父。

草薙劍是用來割草的鐮刀？

為什麼要捨棄天叢雲劍這個舊名，改稱草薙劍呢？根據《古事記》、《日本書紀》、熱田神宮與其他傳承的說法，這個名稱源自日本武尊曾以這柄神劍砍草，闢出一條生路，但是若要取一個新名字，應該還有不少適當的名字吧？

許多被譽為名刀的兵器都會冠上號（名），而且每個名號都非常英勇神武，相較之下，「砍草劍」這個名稱實在不太響亮，一點都沒有很強或是很神聖的感覺。

一般用來砍草的是「鐮刀」，一如我們會說成「割草鐮刀」，但刀劍原始的功能也不可能是除草，然後不管翻閱《古事記》與《日本書紀》幾次，卻只看到這柄神劍草薙劍用來「砍草」。

日本武尊的確是很活躍，但是這柄神劍卻沒幫上半點忙，換言之，草薙劍的能力真的就只是砍草。

若事實真是如此，我覺得草薙劍有可能就是這種用途的利刃，大家覺得合不合理呢？**就是因為草薙劍是「鐮刀」**，所以才被命名為草薙劍。

順帶一提，或許大家不太知道，不過草薙劍又稱都牟刈大刀，有「採收」、「收割」稻穗的意思，而這個名字也暗示著草薙劍是把「鎌刀」。

根據熱田傳承的實見記錄，熱田的劍是外來的銅劍（雙刃），但是天叢雲劍來自出雲，所以應該是「鐵製」的材質。「叢雲」應是鍛鐵刀特有的刃紋。請大家回想一下須佐之男發現這柄神劍的橋段。

須佐之男砍掉八岐大蛇的尾巴後，須佐之男的刀刃也砍出崩口，這代表草薙劍的硬度高於須佐之男的佩刀對吧。如果是銅劍與鐵刀互砍，不用想也知道，肯定是銅劍會捲刃，因為鑄造的銅劍與鍛造的鐵刀在硬度上完全不同。

換言之，天叢雲劍是鐵刀，而且從硬度非凡這點來看，有可能是以日本方式鍛打出雲玉鋼所製成。經過反覆褶疊與捶打、延展，打出日本刀特有的「千枚鋼」構造，才是天叢雲劍，也只有這種鐵刀才擁有「叢雲」這種刃紋。

發現這柄神劍的須佐之男曾說「發現都牟羽的大刀」，換言之是發現了「收割稻穗的大把利刃」，類似「鎌刀」的大型內彎鐵刀。

所以須佐之男才會把「此等異物（珍稀之物）」獻給天照大神，而且還命名為「除草的大刀」。

換言之，從一開始發現，草薙劍就被稱為草薙劍才對，而且命名者就是發現者的須佐之男。

順帶一提，創立武家政權的源賴朝非常推崇母親娘家的熱田神宮，不過賴朝在鎌倉創立幕府時，是迎請皇系的石清水八幡宮[15]做為源氏的氏神（守護神），創建了鶴岡八幡宮[16]。

賴朝為何沒將血緣之親的熱田神宮迎為氏神呢？若就世俗的基準來看，熱田的御神體可是究極兵器的草薙劍，對武家之首的源氏來說，熱田神絕對是再適合不過的神祇，更不用說熱田神宮還是母親的娘家。

我個人認為，背後的理由是「熱田神有可能是尾張的氏神」。熱田神原本由外來世族尾張祀奉，其系譜有別於天皇、皇室眾神的系譜。

話說回來，草薙劍的分身放在皇居的劍璽之間，這間房間似乎與天皇陛下寢室相鄰。

這意味著天皇與草薙劍朝夕相處吧。明明皇祖天照大神要求隨時擺在身邊的是鏡子，但八咫鏡的分身卻在皇居的宮中三殿，而草薙劍與八尺瓊曲玉卻放在劍璽之間。

15 石清水八幡宮

位於京都府八幡市，主神為八幡大神（譽田別命、比咩大神、息長帶姬命的總稱）。譽田別命指的是第十五代應神天皇，比咩大神則為宗像三女神，息長帶姬命則是應神天皇之母神功皇后。平安時代前期從八幡宮總本社的宇佐神宮迎請。源義家曾於此處及冠（所以又稱八幡太郎），也被武家奉為武神。

16 鶴岡八幡宮

位於神奈川縣鎌倉市，主神為應神天皇、比賣神、神功皇后。一〇六三年，為祈求源賴義於前九年之役戰勝，將京都的石清水八幡宮迎至由比濱，這就是鶴岡八幡宮的起順帶一提，這柄劍是由伊勢神宮所獻。

一般認為，這柄劍的形狀與熱田那柄神劍截然不同。

從劍璽御動座[17]的照片推測，這柄劍應該是細長的軍刀，應與熱田的直刀迥然不同。

長年來的劍璽御動座儀式雖曾中斷，但近年來已復活，再次隨著天皇夫婦四處參訪。

源。賴義直系的賴朝進入鎌倉後，便整頓為幕府的宗廟，成為鎌倉武士的守護神。

●17 劍璽御動座

指的是天皇離開皇居，隨天皇參訪的劍（草薙劍）與璽（八尺瓊曲玉）。戰前，只要天皇會離開皇居超過一天，就一定會由侍從捧行，不過這項儀式卻在戰後被GHQ廢止。一九七四年，昭和天皇前往伊勢參拜時，讓這項儀式復活。最近的一次是二〇一四年，今上天皇前往伊勢神宮參拜，再次讓劍與璽隨行，這也睽違了二十年之久。

平安時代

復甦的東戎

新皇・將門的建國

位於東京中心，不可侵犯的靈地

東京的中心當然是皇居，而日本的經濟中心也在皇居的正前方。皇居正門的大手門前方的廣闊區域稱為大手町&丸之內，區內有許多日本知名大企業林立，為人熟知的箱根站傳接力賽終點也在這裡（讀賣新聞社前）。

但這一大片區塊居然有一處不可侵犯的靈地。

其名為「將門首塚」。

將門首塚位於千代田區大手町一丁目，現在除了面向道路的南側，其周圍都在進行再次開發的工程。之前這一帶淨是商社或銀行。平將門的首塚便突兀地存在於林立的高樓大廈之中。

為此，相鄰的大樓紛紛出現「避免俯視首塚而不預留窗戶」、「為了不讓屁股對著首塚而特別調整桌子的方位」這類似假還真的迷信，但實情究竟如何呢？這聽起來很像某種都市傳說。

由於首塚就位於商業大樓區的中心，所以至今有許多人打這塊土地的主意，希望將首塚遷至他處，但相關人員每次都因此發生事故，**「將門作祟」**

東京的守護神！

將門首塚

據說將門在京都被斬首後，其頭顱逕自飛回故鄉，而將門首塚便是於該頭顱降落之地所建。1307年，首塚荒廢後，瘟疫開始蔓延，當地居民認為這是將門的怨念造成，便請周遊列國的他阿真教上人供養將門，疫情才得以平息。原本位於當地的日輪寺除了祀奉神田明神，還另外傳承將門信仰。日輪寺雖於江戶時代遷移至淺草一帶，至今仍同時祀奉神田明神以及護持首塚。

這類傳聞才漸漸流傳開來。剛剛提到的那些迷信與傳聞，有可能就是從將門作祟衍生而來。

關東在距今千年之前，藤原一族的全盛時期仍被蔑稱為「東夷（不知禮數的鄉下人）」。雖然是自己的地方，卻不適合自行統治，長年來都由中央治理。不過被稱為當地土著的地侍自古以來是公認最善戰的民族，或許是因為平日就於平地策馬狩獵，所以自然而然具備基本的戰鬥能力。

關東本是片遼闊無垠的平坦土地，會興起開創「獨立國家」的念頭也是人之常情。在如此背景之下決意起兵的是下總（千葉縣）的豪族，也是繼承桓武天皇[1]血脈的平將門。

當時的中央並未妥善治理地方，許多地侍也因此對中央不滿，將門在得到這些地侍的支持後，便陸續佔領常陸、上野與下野這些由中央設立的國府，奪得東國全域的統治權，也受到眾人稱頌。

於是平將門自稱「新皇」，視東國為獨立國家。

將門曾在上京時，被鄙夷為一介土包子，所以他所施行的政策，具有濃濃的民主色彩。

相較之下，當時的中央政府簡直如藤原一族的私有物品，陷入朝綱廢馳、行政怠惰，不可期待的地步。

●1 桓武天皇

桓武天皇（七三七～八〇六），是為第五十代天皇，也是桓武平氏的祖先，曾為了逃出奈良佛教的影響範圍而捨平城京，遷都長岡京與平安京，也曾封坂上田村麻呂為征討蝦夷的征夷大將軍。其弟早良親王為被廢位的皇太子，為了安撫早良親王的怨靈，特別追謚為「崇道天皇」。

●2 平貞盛

平貞盛（生年不詳～九八九）。與將門為堂兄弟（將門之父良將是貞盛之父國香的弟弟）。其父國香為將門所殺，因此雙方勢成水火。雖然討伐將門多次失利，得到叔父藤原秀鄉的支持後，便於不過中央政府為了鎮壓平將門，特別任命同樣來自東國的武士平貞盛[2]與藤原秀鄉[3]為討伐軍。

想必大家已經發現，當時的中央政府打著以毒攻毒、從旁坐收漁翁之利的算盤，否則為何會任命同為平氏的人為討伐軍呢。

戰爭不久後爆發，時運不濟的將門也被流箭射倒。此時據其自稱「新皇」不過兩個月，關東的烏托邦也跟著潰散。

傳說於京都七條河原梟首的**將門頭顱歷經數月都緊咬牙關**，死不瞑目。最後甚至大喊：「我的五體何在？接上頭顱，再戰天下吧」

某天夜裡，頭顱大放白光後，便逕自往東方疾飛，所以京都才沒有首塚。

神田明神存在的理由

雖然「將門首塚」現在埋於大手町商辦大樓林立的谷底，但另有一說認為，平將門之亂平息後，將門的頭顱立刻被埋入地底（也有頭顱飛離京都的傳說）。

少了頭顱的身體被葬在茨城縣延命院（茨城縣坂東市／說是茨城，其實是位於埼玉縣與千葉縣的交界，距離東京都非常近），此處目前稱為「將

「北山決戰」成功討伐將門。

3 藤原秀鄉

藤原秀鄉（生卒年不詳）。與外甥平貞盛一同平定平將門之亂。傳說中，曾以俵藤太之名降伏近江三上山的大蜈蚣。與源氏、平氏同為武家棟樑，也衍生出許多家系。

門山」。

在於江戶之地（大概是首塚）合祀之前，將門三女如藏尼似乎曾來此為其父誦經祈福（附近有一座國王神社[4]）。

經過三百六十年後，江戶爆發瘟疫，之前不管發生任何災厄，都歸罪於將門的怨念，但將門在此時總算被當地居民高奉為神，當地居民也為將門翻修原有的舊神社，奉將門為「神田明神」。

「將門信仰」與信奉菅原道真的「天神信仰」都是「御靈信仰」的典型，其特徵都是**「祀奉作祟的神明，讓這位神明成為靈驗的守護神」**。

神道的特徵在於沒有西洋的「神魔對立」二元論，正因為如此才有虔誠祀奉惡神，讓惡神轉為強大的守護神之概念。

現在神田明神（神社）的主神為大己貴命[5]與少彥名命[6]，平將門則偏居一隅，於相殿合祀。會有如此演變，其實背後有段故事。

將門曾透過武裝政變自稱「新皇」，德川家康利用這點弱化京都的朝廷，讓關東的將軍家變得舉足輕重。

但這麼做有點弄巧成拙，讓將門在明治維新之後蒙上「朝敵」的汙名，明治政府也於神田明神境內一隅另設「將門神社」（攝社），於本殿另外祀奉他神，時代的情勢也為之一變。

4 國王神社

位於茨城縣坂東市，主神為平將門命，建於平將門臨終之地。

5 大己貴命

大國主神的別稱，《古事記》將其記為須佐之男的第六代孫子，《日本書紀》則記為須佐之男的兒子。與須佐之男的女兒須勢理毘　命結婚後，與少彥名一同治理天下，也建立了葦原中國。高天原的天照大御神派來使者後便讓出國家。目前於出雲大社受祀。

6 少彥名命

在大國主神創造國土時，乘著植物果實打造的船破浪而來，基於其父神產巢日神之命，與大國主神成為義兄弟，一同參與之後社殿因火災付之一炬後，將門遷至本殿暫為祀奉，就此於本殿安座。不過對神田明神來說，從信仰的來龍去脈也能看出主神為平將門。神田祭之所以會成為江戶三大祭，不只是因政策促成，也是當地居民長期祀奉將門，信仰於當地紮根之故。

除了神田明神之外，江戶三大祭的神社還包含富岡八幡宮與日枝神社。「神輿深川、山車神田、不動如山的山王」這是每個江戶人都能朗朗上口的順口溜（神田的山車因地震與戰禍燒毀，目前的主流為神輿[註]）。

深川的富岡八幡與神田明神是江戶城鬼門的門神，而山王的日枝神社則是裏鬼門的門神，前後兩處的門神都是基於德川的政策而於此地鎮守。

將門的出生地為千葉縣佐倉市，相鄰的千葉縣成田市有座成田山新勝寺，這座新勝寺是為了舉行降伏將門惡靈的不動護摩儀式而創立，因此，許多神田明神的氏子（信徒）至今仍不願前往成田山新勝寺參拜。

東京境內與將門有關的場所之一就是位於九段下的築土神社[7]。根據江戶時代的文獻記載，平將門的頭顱（頭蓋骨與頭髮）就安葬於此，在各處與將門有關的神社之中，這裡也是足以象徵將門信仰的神社之一。進入明治

造國，也是醫藥、溫泉、咒術、知識、釀酒、石頭之神，擁有多張不同的面孔。由於祂的身形非常嬌小，一般認為祂就是一寸法師的雛型。

註：山車是神明下凡的依憑。在台灣，神明下凡是依附在乩身，在日本，則是依附在山車或其他有形的萬物。而神輿則是神明的「代步工具」。

7 築土神社

位於東京都千代田區。西元九四〇年，江戶的津久戶村（現代的千代田區大手町一丁目將門塚一帶）為平將門建造了首塚，後續也為了祭祀平將門而創建了「津久戶明神」神社。曾歷經多次遷址，最後於一九五四年遷

時期後，將門被降格至相殿祀奉，現在此處的主神為天津彥火邇邇杵尊[8]。

安放將門頭顱的桶子、將門的肖像畫、木造的束帶坐像（穿著官服的木像）被戰火燒毀之前，都是歷代的鎮社之寶，戰爭爆發後，也隨著社殿一併燒毀，拜殿的裝飾與繪馬除了繪有巴紋，也有與平將門有關的繫馬紋。

其他與將門有關的神社還有位於日本橋的兜神社，傳說中這裡埋藏了將門的兜，另外還有北新宿的鎧神社，這裡也被認為埋有將門的鎧甲。

將門是壞人嗎？

順帶一提，日本三大祭分別為祇園祭（京都）、天神祭（大阪）與神田祭（東京）。

祇園祭是為了祭祀須佐之男而於八坂神社舉辦，天神祭則是為了祀奉菅原道真而於大阪天滿宮舉辦，神田祭當然是在神田明神舉辦，為的是祭祀平將門，換言之，這三處神社的主神都是怨靈。

神社的祭典通常都是為了安撫怨靈所舉辦，這代表日本三大祭都隱含著讓怨靈安息的意義。

此外，就關東全域存有深厚的將門信仰這點來看，曾一肩扛起東國人民

至現址的世繼稻荷神社境內。

● 8 天津彥火邇邇杵尊

是天照大御神的孫子，曾於高天原攜帶三種神器下凡，也是神話故事「天孫降臨」的主角。與鹿葦津　相遇後，產下海幸彥與山幸彥，是為初代神武天皇的曾祖父。

● 9 興世王

興世王（生年不詳～九四〇）。平安中期的皇族，曾趕赴武藏國擔任國司。因故離開任職之地後，投奔將門，並建議將門稱霸東國，在將門自稱新皇後，成為將門麾下的核心人物。在將門遭受處決後的數日內被處死。

註：出自《三國誌・魏志・邴原傳》，比喻不會

之夢的將門確實是具代表性的人物之一。

以下皆為神社本廳登記在案的神社，福島縣有三處、茨城縣有兩處、櫪木縣一處、埼玉縣一處、千葉縣兩處、東京都四處、岐阜縣一處、靜岡縣一處、岡山縣一處、廣島縣一處、佐賀一處，總計共有十八處，其中十三處位於關東。

再者，「朝敵」的汙名就由神道的基本理念澄清吧。一如前述，神道沒有永遠的惡神，在曾對天照大御神大不敬的須佐之男身上也反映這點。

尤其將門自稱「新皇」不過為期兩個月，也只是受到奉為上賓的[註9]興世王唆使才造反。將門本身是名勇猛的武將，屬於「來者不拒」、「[註]窮鳥入懷，獵師不殺」的個性，換言之，是強悍又受敬重的人物。

個性使然，將門才接納與新任國司對立，飽受批評的興世王，以及於常陸國四處作惡終遭流放的[註10]藤原玄明，最後甚至拒絕國府引渡這兩人的命令。

這就是將門事件的始末，請大家務必了解，將門自始至終都非惡人。

話說回來，前一章也稍微提過，烏越神社這個名字另有一個充滿異色的由來。

對走投無路的人趕盡殺絕。

● 10 藤原玄明

藤原玄明（生年不詳～九四〇）。平安時代中期的坂東世族。玄明向將門尋求庇護成為將門造反的導火線，同樣於將門遭受處決後的數日內被處死。

據說鳥越神社是從祭拜將門靈位開始的。

《平將門故蹟考》一書記載：

「此處為將門頭顱飛越之山，故祭祀其靈」，而在日文之中，「飛越」的發音與「鳥越」相同，鳥越神社也因此得名。

想想還真是令人不由得恐懼，究竟鳥越神社的名字是來自源氏父子的渡川傳說，還是將門的飛越傳說呢？

雖然這兩個傳說的時代相當，但將門的傳說較早發生，或許更令人玩味呢。

鎌倉時代

武士誕生

實現源氏之夢的「武藏七黨」

足以匹敵將門的源氏三代怨靈

曾一度寄託平將門，最終卻如幻夢般消失無蹤的坂東之夢便是武家政權（坂東為關東舊名，源自「相模國足柄之坂的東側」）。

武家政權的幕府最終於鎌倉設立。我在學校學的是一一九二年「打造美好國家的鎌倉幕府」的口訣（打造美好國家的日文與一一九二的發音相近），現在則將一一八五年訂為鎌倉時代的開端。

這是統治權實際從公家轉移至武家的一年，也是朝廷頒佈敕令，任命武家擔任守護、地頭一職（管理公家領地的職務）的一年（文治元年）。一一九二年是源賴朝[1]受封征夷大將軍[2]的一年，但鎌倉幕府的政權早在這一年之前就已立下根基。

不管是一一八五年還是一一九二年，天下自此歸「武家政權」所管，這也是日本歷史最為重大的轉捩點。

「征夷大將軍」這個稱號早在一一九二年之前就已出現，顧名思義是「率軍征討東夷的將軍」，但日後逐漸轉化為「武士的頭領」、「武士的老大」之意。

1 源賴朝

源賴朝（一一四七～一一九九）。源義朝的三男，生於尾張國熱田，母親為熱田大宮司之女由良姬。父親於平治之亂敗北後，被流放至伊豆國，後續受以仁王討伐平氏之令舉兵造反，以鎌倉為據點，率東國武士將勢力拓展至關東後便滅了平氏。後續設置了守護、地頭這兩個職務，奠立武家政治的基礎，也受封為征夷大將軍，其妻為北條政子，其子為賴家與實朝。

2 征夷大將軍

全權負起征討東北蝦夷之責的官職，「征夷」意即征討蝦夷，首位征夷大將軍為奈良末期的大伴弟麻呂，後繼的坂上田村後世的德川家之所以執著於「將軍」這個稱號，就是希望藉由此名立威。冠上「征夷」一詞，意味著與坂上田村麻呂[3]以及源賴朝同樣是名符其實的「最強」將軍，此一血統的繼承者也能坐享隨歷史附帶而來的權威，反觀太政大臣或右大臣這類職稱就缺乏這種權威感。

在此之前為公家政權，在此之後為武家政權，這種劃分或許粗糙，實際上的確如此涇渭分明，關東也是於此時躍上檯面，武家政權也一直續延至明治維新為止。武家政權的核心曾一度從鎌倉遷回京都（足利政權），最終在戰國時代落幕後遷至江戶（東京）。

或許我們可說鎌倉幕府是為了日後定都東京的前哨戰。

武家政權在進入十二世紀之後總算成形，但一手催生武家政權的源氏可說是止於源賴朝一代，因為第二代的賴家（賴朝的嫡男）繼承家業時年僅十八歲。

其父賴朝因「墜馬」猝死，迫使賴家倉促繼承大位。當時握有實權的是其母北條氏[4]，自此，鎌倉幕府實質是「北條幕府」（換言之，源氏幕府僅賴朝一代！）。

說也奇怪，明明是武家的頭領，竟然「墜馬」猝死？騎馬可是武士最擅長的本領啊。

麻呂因降伏阿弖流為而聲名大噪。開創鎌倉幕府的源賴朝希望受封為「大將軍」，朝廷則認為坂上田村麻呂擔任的征夷大將軍較為吉利，便授予源賴朝這個稱號，後世便視征夷大將軍為武家政權最高職位，這個習慣也一直延續至江戶時代。

3 坂上田村麻呂

坂上田村麻呂（七五八～八一一）。受桓武天皇重用，兩度擔任征夷大將軍一職。征討蝦夷有功之餘，於藥子之變晉升為大納言，成功鎮壓政變。京都的清水寺便是由他所建。

4 北條氏

賴朝之妻「政子」的娘家。政子之父時政因協助假若賴朝是被謀殺，應該會有類似怨靈作祟的謠言傳出，但縱使有這類謠言也有可能被北條氏一手遮天吧？

而且繼承者居然是毫無功績的十八歲少年，這豈不是更啟人疑竇嗎？怪不得至今仍流傳著陰謀論。

自幼體弱多病的賴家在繼承家業後三年被軟禁，還立刻被暗殺，得年僅二十一歲。

若這樣還不傳出怨靈之說也說不過去吧？據傳會如此無聲無息，全因擁立賴家的比企氏在奪權之爭敗給擁立賴家之弟實朝的北條氏。

成為第三代的實朝是賴家的弟弟，也是賴朝的次子，在賴家被流放後就任征夷大將軍一職。年僅十二歲的他絕對無力施行國家權力，自然也只是北條氏掩人耳目的道具。

一切如北條氏預期，實朝成為公家之人更勝身為武士，與京都的往來也更加頻繁，尤其成為一名歌人的實朝還因《金槐和歌集》聲名遠揚，甚至被選入百人一首●5。

或許是因風評不錯，實朝成為首位從武士晉升為右大臣的人物，卻又立刻遭到暗殺，就在鶴岡八幡宮夜間參拜結束，準備離開之際的一場大雪之中被暗殺。

賴朝舉兵有功而成為御家人（將軍的家人），也成為初代執權。從其子義時成為第二代執權後，極力排除其他御家人，確立執權政治。第三代將軍實朝被暗殺後，便從京都迎回將軍。於第十六代執權守時的時代滅亡。

●5 百人一首

從一百位歌人各選一首和歌的秀歌撰。藤原定家於京都小倉山山莊選出的小倉百人一首最為有名。一般認為是於十三世紀前半完成。收錄於小倉百人一首的實朝之歌唱道「願這世永恆不變啊，隨波浪划行的小漁船，被綁在船首的繩子拉上岸，這極為平凡的情景真叫人又憐又愛」。

鶴岡八幡宮

據傳暗殺第三代將軍實朝的公曉是於通往鶴岡八幡宮本宮的長石階旁側的銀杏樹埋伏，所以這棵高聳的銀杏樹又被稱為「隱身銀杏」，長年以來，這棵銀杏樹都是鶴岡八幡宮的象徵之物，只可惜於2010年被強風連根吹倒。裁成三截後，從根部到四公尺高度的部分移植到距離原本場所略遠的位置。於原本場所長出的嫩芽和移植的斷根都生氣蓬勃地成長中。

願意現身嗎？源氏三代的怨靈？

犯人是賴家的兒子，八幡宮別當（統掌宮務的職務）的公曉。實朝被公曉斬殺時才二十六歲。由於實朝膝下無子，武士頭領的源氏一族便在傳了三代就覆滅。

這應該是足以與將門匹敵的怨靈群吧！

喂～怨靈啊～！源氏三代的怨靈呀～！

願不願意現身於鶴岡八幡宮的階梯旁邊，讓世人聽聽真相呢。

還是說乾脆請將門把源氏三代拉到首塚這邊。因為將門是「日本三大怨靈」之一，又被傳成投胎轉世的菅原道真，所以絕對是將源氏三代拉至首塚的最佳人選。假設是大怨靈的將門一聲令下，源氏三代也不敢不從吧？

然後幫源氏三代一掃心中怨恨，至於該如何做？我也不太清楚就是了……。

由於賴朝設計了完善的合議制，所以鎌倉幕府在實朝被暗殺後，仍維持了一五〇年之久，而且在歷經足利幕府、戰國時代，直至德川幕府為止，都是「武家政權」的「魁首」。「源氏才是武家的頭領」這是很常聽到的一句話。不管是武田信玄、織田信長還是德川家康，都曾說過這句話，這或許也是武士心中的一種浪漫。只有繼承清和源氏血脈的人物[6]，才稱得上「武家頭領」，也才能成為公認的「幕府之長」或「征夷大將軍」，只要站上武

6 清和源氏

第五十六代清和天皇的皇子，也是諸王之祖的源氏氏族。姓（氏族的稱號）為朝臣。源氏依天皇血脈分成二十一支流派（源氏二十一流），清和源氏正是其中一支。清和天皇的四名皇子與十二名為王的孫子降為臣籍後，便自稱源氏。其中的第六皇子貞純親王之子經基王（源經基）的子孫特別繁盛。原為中級貴族的經基之子源滿仲（多田滿仲）以武門的身份，在朝廷站穩腳步後，於攝津國川邊郡多田設立武士團，其子賴光、賴親與賴信也不斷擴張勢力。三子之中的賴信為當時主流，而賴信的河內源氏在收編東國的武士團之

士的頂點，每個人都想自稱「源氏」。

信玄與家康這種鄉下武士雖然與「源氏」沾不上邊，卻也被吹捧成氣度足以一統天下的人物，這也是因為當時普遍認為只有「武家的頭領」才配得上「征夷大將軍」的稱號（其實家康在晚年也以「源朝臣家康」一名簽署文件）。

我家附近（東京都文京區）有一間名為「源氏」的鰻魚飯店，我猜老闆跟源氏沒什麼關係，但不知為何，這鰻魚飯的口味帶有京都風味。

江戶源自豐島區？

話說回來，前面提到源氏只有賴朝這一代才是真正的武家頭領，實際握有鎌倉政權的是北條氏，說得更精準點，是握在坂東的武士團手中。

坂東武士團的內心可是非常強悍的，他們雖在將門被處死後稍微安份，卻仍虎視眈眈，等待某個人物登高一呼。結果絕佳時機果真降臨，因罪流放至伊豆的賴朝正是坂東武士團心中期盼的人物。

侍奉賴朝（鎌倉殿）的東國武士被稱為「御家人」，直到江戶時代，「御

後，勢力逐漸抬頭，並在源賴朝的時代成為武門棟樑，最終得以設立鎌倉幕府，樹立武家政權。

家人」都是對主公忠心耿耿的直屬武士之意，首字的「御」則是對「家人」的敬稱。

御家人正是武家政權的實力象徵，雙方基本上是「奉公」（侍奉）與「御恩」（施恩）的互惠關係。

御家人的「奉公」分成「奉」與「公」兩個部分，「奉」的部分是在緊急時刻捨身效忠（奉＝軍役／通常說成「捨身吧，為了鎌倉」（iza鎌倉）），「公」的部分則是向幕府上繳錢糧的義務。

相對於御家人這兩項義務，幕府則負責「守護領地平安」與「賜予土地與地位」，施恩於御家人，這就是「權利與義務」的雛型吧，簡單來說，就是有納稅義務才有投票權這回事吧。

這就是幕府與御家人之間的關係。一般人心目中的**「奉公」常是講究忠義、忠誠的道德觀，但說成雇傭關係才更接近實情。**

常聽聞「忠臣不事二君」，這其實是進入江戶時代後，在儒教思想影響才產生的概念，鎌倉時代的御家人常常同時侍奉多位主公，這也是為何無法斷言鎌倉殿（賴朝）是否掌握了絕對權力的原因。

只是這種侍奉多位主公的現象，在賴朝被任命為征夷大將軍的前後時期慢慢收斂。

當時在武藏地區誕生了一群被統稱為「武藏七黨」的在地武士團，主要是以東京、埼玉為領地。

至於為何被稱為「武藏七黨」至今仍眾說紛云，不過這個稱呼主要來自旗下的氏族，其中包含橫山黨、豬俣黨、野與黨、村山黨、西黨（西野黨）、兒玉黨、丹黨（丹治黨）。這些士族在源氏滅亡後效忠北條氏，也於元寇[7]來襲之際立下大功。

這些士族大部分都只有名字殘存，唯獨丹黨留下圓框之中寫有「丹」字的家紋，成員的名字也各有不同（順帶一提，我的家族也是如此。一族之中，名字雖然各有不同，但家紋都是圓框之中寫有丹字的圖案，由於這種家紋比較特殊，所以在一般的家紋帳見不到）。

他們成為賴朝的家人後，精銳的鎌倉武士就此成立。在鎌倉幕府趁著治[8]承、壽永之亂成立之際，來自東京的豐島、足立、葛西也於此時立下大功，也因此名震全國。

眾所周知，他們的名字至今仍是東京都內的地名，例如豐島區、足立區以及江戶川區的葛西臨海水族園。雖然葛西之名最終淪為地區的一部分，但**豐島區、足立區從遙遠的鎌倉時代就都是豐島、足立一處的領地**，而且他們也是御家人的始祖。

● 7 元寇

指的是元朝與其屬國高麗兩次攻日（蒙古襲來）。第一次為文永之役（一二七四年），第二次為弘安之役（一二八一年），為當時擔任執權的北條時宗所擊退。

● 8 治承壽永之亂

自平安時代末期的治承四年（一一八〇）至元曆二年（一一八五），為期六年的大型內亂。後白河法皇的皇子以仁王舉兵造反之際，反抗平清盛之平氏政權的反叛勢力於遍地開花，平氏政權最終因此倒台，源賴朝也得以乘勢樹立鎌倉幕府。

同時期從秩父來到豐島郡江戶鄉的秩父重繼則自稱江戶，其居城就在現在的皇居（江戶城）一帶，這也是「江戶」的起源，換言之「江戶」是於豐島區誕生。

東國武士團強悍的理由

雖然坂東的武士立下豐功偉業，但要問的是，坂東武士為何如此強悍？進一步要問的是，為什麼關東會出現「武士」呢？

如果武士是在關西或九州出現或許還有點道理，而且瀨戶內海一帶有討海人的傳統，東北地區也有獵人的傳統，這些地區的人都能組成優秀的士兵，然而武士卻偏偏是於關東出現。

其實**背後的祕密就藏在「一所懸命」這句日文裡。**

「一所懸命」傳至現代後，被說成「一生懸命」，但其實「一所懸命」才是正確的說法。

這句日文的意思是，賭上性命也要保護土地（領地）的意思。

唯有領地是在地氏族的性命。

關東平野這片廣闊的土地是白米的一大來源，以此為根據地的居民成為抵擋外敵侵略，守護這片土地的武士，小型的衝突也的確不時發生。

這意味著日本人的「土地信仰」源自鎌倉時代的武士（御家人）。

換言之，**東京是日本人的土地信仰的起點**，怪不得銀座的鳩居堂前每年都是日本地價最高的地段。

不管是京都還是大阪都沒有這類彷彿標錯價格的地段，只能說這一切是基於某種「信仰」。

這點與之前握有權力的公家有著本質上的差異。

只有武士才對土地如此執著，武士也因著這股執著而強悍。

坂東武士能於戰場一展身手的另一個理由就是「**馬術**」。

對了，若問東京有哪些以「馬」命名的地區，第一個當然會想到「練馬區」吧。豐島區原本有一處練馬鄉，後來因為幅員過於廣闊，造成諸多不便，所以練馬鄉才自成一區。

鎌倉時代，豐島的家臣之中似乎有位馬術高手，曾受幕府之命，負責訓練馬匹與經營牧場。由於日文的馴馬說成「練馬」，久而久之，這地區就被冠上「練馬」之名。

東京與其他關東地區可說是日本最為廣闊的「平原」，所以不管是往哪個方向移動，都少不了「馬」這項交通工具，更別說一旦開戰，馬術高明與否也左右了勝負的走向。

於鎌倉鶴岡八幡宮參道舉辦的「流鏑馬神事」可謂馬術的具體表徵。在疾馳的馬背上引弓命中靜止的靶心，可說是典型的馬上之爭，也是馬術與箭術的融合，這對公家是難中之難的戰鬥，卻是坂東武士特有的絕技。鎌倉武士於平日就會以此技互相競賽。

日後，江戶的武士階級也繼承此技，平日也以此競賽。

順帶一提，日文的「馬」原本只念成「uma」，進入彌生時代後期到飛鳥時代前期（西元三世紀至六世紀末）才寫成「馬」這個漢字。

從漢語的「馬」讀成「ba（漢音）」或「me（吳音）」這點來看，「uma」是日本才有的讀音。

關於「uma」這個讀音的起源有不同的說法，一說認為源自「ooma」，我也贊成這個說法，與青森縣「大間」這個地名的讀音相同。

現在的大間以捕獲鮪魚聞名，但古時候有可能是馬的知名產地，因此甚至有一說認為當時的地方世族南部氏之所以被賴朝任命為南部地區的地頭，全是基於管理馬匹這個目的。

此外，當時似乎會有一大堆武士牽著馬轡來到大國魂神社列隊參拜。原

大國魂神社

由於大國魂神社是於景行天皇41年創建，此時正是日本武尊大展拳腳的時代。一般認為，這座神社源自做為主神的大國魂大神於此地降臨，受當地居民膜拜。源賴義與其子義家在1062年的前九年之役捐獻的一千株欅木樹苗，是目前被指定為國家天然紀念物「馬場大門欅木行道樹」的起源。大國魂神社的本殿最初與一般的神社一樣，都是坐北朝南的方向，但是源賴義為了利用神威統治東北地區，便在1051年將本殿改成坐南朝北的方向。

由一之宮
到六之宮
共同祭祀

本的國府似乎就於這一帶設立，但早在國府設立之前，這一帶就是關東南部（也就是現在的東京都）的核心地帶。

大國魂神社由武藏國的一之宮到六之宮共同祭祀，所以又被稱為「六所宮」或「總社」。

除了原本在東京都內就有領地的武士團之外，埼玉縣各地的武士團、於神奈川縣、千葉縣一帶擁有領地的在地武士團當然也以大國魂神社為信仰中心。

所以大國魂神社不啻是坂東武士的心靈寄託。

室町～戰國時代

「江戶風水」的完成

江戶重繼、太田道灌發現的江戶城天守

鎮守都市的四大神獸

東京是「日本最大的風水都市」。

京都是「風水都市」的這件事非常有名，但知道東京是風水都市的人卻少之又少。

或許是因為東京不像京都，常有機會被拿來說嘴，但另一個重點應該是大部分的人不知道「四神」是哪四尊。

四神指的是鎮守東南西北四個方位的「四大神獸」，分別是青龍、朱雀、白虎、玄武。

這四大神獸常於不同的情況出現，大家應該也都耳熟能詳。

其中較為有名的是「會津的白虎隊」、「京都的朱雀大路」、「千葉道場的玄武館」、「關羽的青龍刀」。

為何如此命名其來有致，還請大家自行搜尋，其他還有很多類似的案例。

若要解釋四神代表的意思，有可能會講得有點複雜，但東京的形成過程與四神息息相關，故在此為大家稍微說明。

「陰陽五行」認為每個方位都有專屬的顏色，所以四神也與顏色互相呼應

（箇中細節很冗長，所以割愛不談）。

在日文一週七天的星期稱呼之中，除了「月」（陰）與「日」（陽），還另有與陰陽五行有關的五種稱呼，分別是火水木金土，這與陰陽五行的木火土金水順序不同，不屬四神的「土」恰恰位於四神的正中央。

首先介紹坐鎮東方的「青龍」。

青龍就是青色的龍，許多人因為龜虎古墳[1]的壁畫了解何謂青龍，若東側有青龍坐鎮，代表此處為絕佳地形。

所謂青龍坐鎮，當然是種象徵意義，指的是宛如青龍的地形地貌，如「山岳」、「森林」、「河川」，都算是青龍的象徵。

南方則由「朱雀」坐鎮。

朱雀就是朱色的雀，指的是中文的「鳳凰」，漫畫大師手塚治蟲的知名漫畫《火之鳥》就是鳳凰。朱雀有能量蓄積之地的意思，也有陽光從南方射入的意思，所以代表的地形地貌為「湖沼」或「平地」。

西方由「白虎」鎮守。

白虎為白色的老虎，是四神之中，唯一實際存在的動物。遠古時代的中國將白虎視為傳說中的生物。一般認為西方由強悍的白色神獸守護，代表的地形地貌為奇岩嶙峋的「山岳」或是便於士兵佈陣，抵禦外敵的「長城」。

1 龜虎古墳
築於奈良縣高市郡明日香村阿部山的古墳。東西南北四面牆壁的中央分別繪有青龍、白虎、朱雀、玄武這四大神獸。推估這座古墳於七世紀末至八世紀初所建，從年代推論，這座古墳的主人非常有可能是天武天皇的皇子或是天皇身邊的高官。

北方由「玄武」固守。

玄武這個名稱的由來眾說紛云，一般是以「龜」、「蛇」交纏之圖示意，其中的龜被認為是雌性，蛇則為雄性，只是這恐怕是一場誤會。

假設上述的內容屬實，玄武的「龜」應該是「鼈」才對。在古代的傳說之中，各為雌雄的　與蛇是神使。那是生物學與動物學還未出現的時代，龜或鼈的甲殼被視為士兵的鎧甲，也因此解釋為「武人」。

「玄」代表的是「黑色」、「黑暗」，意指冥界或是先祖的世界，進而衍生出「先祖之國」或「祖山」的意思，也都代表風水的能量來源，也是最重要的地點。

位居四神正中央的是「黃土」，意指黃色大地，也是聖者居住之地。

一般認為，京都的東南西北四神非常明確（實際上並非如此），姑且不論進一步的考證（詳情請參考拙著《日本風水》，已大致考證過），但自古以來就流傳著東方的青龍為鴨川，南方的朱雀為巨椋池，西方的白虎為山陰道，北方的玄武為船岡山這種說法。

順帶一提，京都的風水與現代中國風水學一致，北方的貴船山、船岡山與南方的甘南備山連成南北縱貫線，東方的大文字山與西方的西山則連成

東京的四神

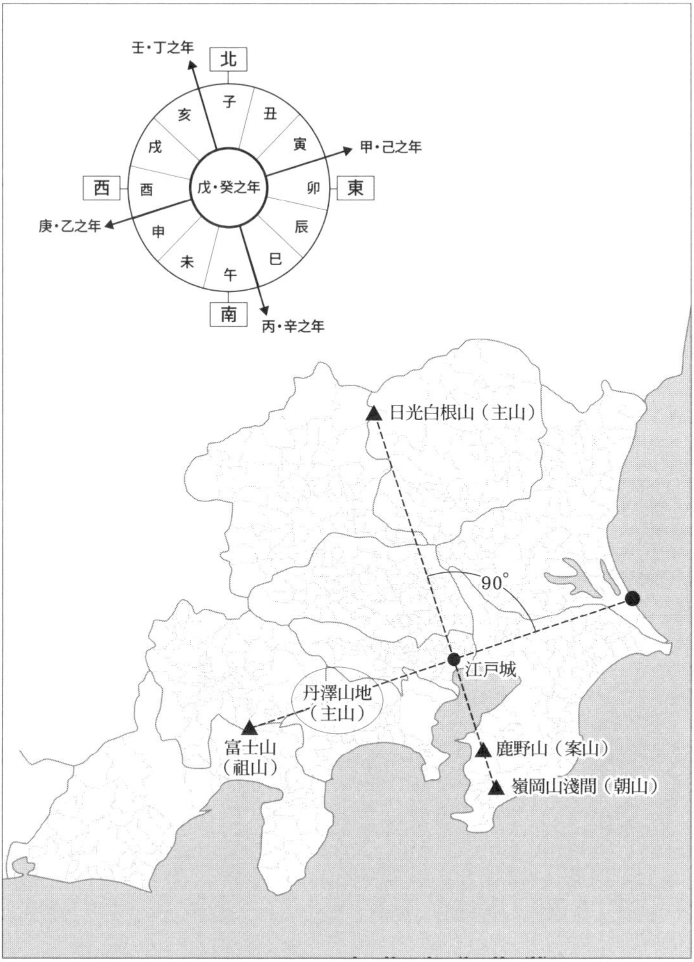

東京的四神距離東京非常遠，於關東全域鎮守東京。位於四神中心點就是江戶城。

※祖山、案山、朝山等風水相關名詞於後續內文中有說明。

東西橫貫線。這兩條直線不僅正確地交叉成十字，平安京的大極殿還曾經位於這個十字的交叉點（大極殿於御所失火之際往東移動，所以現在位於交叉點的東北端）。找出這個最重要的交叉點的方法為「天心十字法」。

撐起關東全域的東京風水

那麼江戶、東京的「四神」又位於何處？還請大家仔細觀察下頁的地圖。

一眼就能看出皇居＝江戶城的位置完全符合風水的天心十字法，也可以發現證明這點的「四神」在東京都之外，而且分別坐鎮於距離甚遠的地點。事實就是**東京的風水規模遠大於京都**。

相較於風水設計幾乎位於府內的京都，東京的風水規模之大可見一斑，甚至涵蓋了關東全域。

風水本是勘定首都最佳地點的技術，在風水起源地的中國也是如此，其歷朝歷代的首都皆由風水之術勘定。

日本在汲取這項技術後，所有的首都也都由風水之術決定位置，自藤原[2]京之後，不管是平城京[3]、平安京[4]抑或現代的東京（江戶），無一例外，位

2 藤原京

在飛鳥時代位於奈良縣橿原市與明日香村一帶的都城，在遷都平城京的六九四年至七一〇年的十六年之間，都是日本的首都，持統、文武、元明這三代天皇都曾於此居住。

3 平城京

一般認為是模仿中國唐代首都長安城所建，位於現代奈良縣奈良市與大和郡山市周邊。從文武天皇在世之際便開始研議將首都從藤原京遷至平城京，到了七〇八年，由元明天皇下詔遷都，遂於七一〇年將首都遷至平城京，之後雖因遷都至恭仁京與難波京而一時荒廢，但在七八四年遷都至長岡京之前，平城京都是日本政治

置都由風水之術決定。

那麼東京（江戶）的風水又如何？雖然看地圖就能一目瞭然，但還是先說明一下吧。

風水最重要的部分在於北邊有山，北邊的山稱為祖山、主山，一般認為後代子孫可從這裡獲得能量。祖山在日本又稱為KANNABI，漢字寫成神奈備、甘南備或神名火，自古以來，就是信仰的對象。

小鎮的中心點通常位於如此崇高的北山的南麓，換言之，玄武＝KANNABI。

話說從東京都往北眺望，也看不見像樣的山巒，東京的祖山到底位於何處呢？其實它位於遠方，因為關東平原可是日本最寬闊的平地，怎麼可能隨便冒出山頭。

距離東京中心點約一百公里的北方有座險峻的高山，其名為日光白根山，標高二五七八公尺，是關東以北最高的山頭，也正是東京的KANNABI、祖山與主山。

最早關注東京的江戶重繼[5]（從平安時代末期到鎌倉時代）不可能忽略這

的中心地。

● 4 平安京

是桓武天皇欽定的遷都之地，也是繼長岡京之後的首都。平安京是於七九四年，模仿中國唐代首都長安城的格局建於山城國，其範圍相當於現代的京都府京都市京都街區。平安京的街道幾乎原封不動地保留至今，成為現今京都的核心街區。

● 5 江戶重繼

江戶重繼（生卒年不詳）。是平安時代末期的武將，也是以桓武平氏的平將常為祖先的秩父氏當家秩父重綱的四男。在繼承武藏國江戶鄉之後自稱「江戶四郎」的重繼振興了江戶氏，也於櫻田的高地（後代的江戶城主城與座遠在天邊的高峰。重繼是桓武平氏的後裔，是秩父嫡系的四男。自平安時期末期繼承武藏國江戶鄉之後，便自稱江戶四郎，成為江戶的貫主（統治者的意思）。

據傳重繼在「櫻田的高地」設置了居館。提到櫻田，或許會想到皇居的櫻田門，但櫻田高地公認是位於日後的江戶城主城一帶。相傳這裡曾有大寶二年（七〇二）建造的神社，也是江戶最為古老的地主神社（為祭祀這塊土地的神明而建造的神社），江戶氏則以這位神明為氏神。這座神社如今是神田明神境內的[6]江戶神社。

於這個場所承先啟後的是太田道灌（室町時代後期／一四三二～一四八六）。由於「道灌堀」、「道灌山」這些地名都還保留了他的名字，日本人對他應該也是耳熟能詳才對，這位建造江戶城的人物請來筑土神社、[7]柳森神社做為表鬼門的守護神，也將山王日枝神社請至城內（日後山王日枝神社遷至裏鬼門）。

道灌是築城名人，曾建造河越城（埼玉縣川越市）以及其他城。

德川家康原封不動地繼承太田道灌的居城，將這座居城視為守護德川一族的要塞，接著整頓了[8]日光二荒山神社，也建造了日光東照宮。

日光白根山與[9]日光三山雖為江戶的主山，但真正的祖山其實是富士山。

副城周邊）設置居館。其子重長於源賴朝麾下大展拳腳後，成為鎌倉幕府實質掌權的御家人。

6 江戶神社

位於東京都千代田區，主神為建速須佐之男命。江戶氏移居多摩郡喜多見村之後，仍於江戶城祀奉。一六〇三年江戶城擴張之際，隨著神田明神移駕神田台，日後於一六一六年遷至現址。

7 柳森神社

位於東京都千代田區，主神為倉稻魂大神。一四五八年，太田道灌為了封住東北方向的鬼門，而從伏見稻荷大社請來主神宇迦之御魂，也因此建造了這座柳森神社。

8 日光二荒山神社

東京最古老的神社也叫江戶神社

江戶神社

神田明神的主殿周圍有多座攝末社（位於神社本社境內，受該神社管轄的小神社），而江戶神社則位於面對本社的左側。皆以建速須佐之男命為主神的三天王（江戶神社、大傳馬町八雲神社、小舟町八雲神社）並列於一排，江戶神社與稱為千貫神輿的大型神輿一同安座於社殿之中。

源自關東風水中心的富士山的能量（在風水的說法為「龍脈」）會經由南阿爾卑斯山、八岳山與丹澤山地流往周圍。

屬於同一山脈的日光白根山也是發出能量的山，位於富士山東側的丹澤山地也相當於江戶的主山，這**讓江戶成為受富士山能量環抱，得天獨厚的場所**。

讓這股能量得以持盈保泰的是位於南側，相當於水朱雀的江戶灣，於江戶灣前方聳立的鹿野山與嶺岡山淺間則分別為江戶的案山與朝山[10]，這三者也讓江戶成為完美的風水寶地（這部分有點艱澀難懂，請大家讀過就好）。

順帶一提，鹿野山山頂有一處知名的神野寺，這座神野寺為真言密教的靈場，也因家康的厚愛而大肆發展。

因為是風水寶地，所以東京才得以發展

介紹四神的順序雖然有些顛倒，不過形同青龍（東方）的地勢為千葉的房總半島。

房總半島是關東唯一的「常綠闊葉林」地帶，如今也留有大片常綠闊葉

位於櫪木縣日光市，主神為二荒山大神（大己貴命／田心姬命／味耜高彥根命的總稱）。以日光三山為神體。七六七年，由下野國高僧勝道所建，社格為下野國一宮。

● **9 日光三山**

二荒山神社的神體，分別為男體山、女峰山與太郎山。

● **10 案山、朝山**

案山指的是位於龍穴（能量蓄積之地）前方的景觀（山巒或人工建築物）。朝山則是位於比案山更遠之處的山巒，兩者合稱「案朝山」。一般認為，山峰若能沿著案山到朝山的方向步步高升，就是良好的風水。

● **11 神籬**

林。古神道所說的「神籬」[11]，指的其實是常綠闊葉林，所謂的「鎮守之杜」就是此地。

「千葉」之名源自此地生氣盎然的綠意，在過去，也是公認的「千葉之森」。儘管千葉與東京都的直線距離不遠，但開發程度卻不如神奈川或埼玉，幾年前，「神籬」都還得以妥善保存。

可惜的是，由高爾夫球場開發風潮引爆的濫墾濫伐讓房總這片森林變得處處斑駁，每當我坐在從羽田機場起飛的飛機往下看都覺得非常心痛。房總半島上的高爾夫球場就像是一塊塊的補丁，更糟的是，在產業廢棄物的濫倒之下，房總的神籬也瀕臨危機。

形同白虎（西方）的地勢為丹澤大山（獨立峰）的磐座磐境。

一如九十七頁的圖所示，江戶（東京）的天心十字線稍微往左偏旋，卻也因此與「惠方」的角度正確疊合。順帶一提，惠方是日本陰陽道特有的概念，未見於其他風水學。

儘管歷代宮都（都城）都為坐子向午（坐北朝南之意），唯獨江戶（東京）是與惠方重疊的天心十字坐向，這也是日本風水隨著江戶的螺旋水路發展的證據。

[11] 神道的神籬指的是被迫在神社或神棚之外的地點舉辦祭典時，臨時讓神明得以附身的代替物。自古以來，日本人相信大自然的高山、岩石、大樹、海洋都有神明棲息，也奉這些事物為信仰的對象，所以古代神道不會為了在社殿祭祀神明而建造神社，而是在舉辦祭典時請神，此時會在神明暫棲的巨樹周邊圍起玉垣與注連繩，確保場地的神聖。自古以來這塊場地就被稱為神籬。

朱雀（南方）是從南方天際升起，照亮江戶之地的日輪（太陽）。一如前述，留住大地能量的水朱雀是東京灣。

經過前面這一輪的說明，想必大家已經充份了解東京的確是塊風水寶地，所以江戶重繼、太田道灌與德川家康都選擇了這塊土地，不過一般認為，家康是被秀吉貶至江戶的。

雖不知秀吉的本意為何，但或許真是希望讓德川開發關東一帶。假設此言為真，秀吉的深謀遠慮也還真的一如預期，但發展得太好，連大坂都望塵莫及。恐怕「大坂第一」的秀吉怎麼也想不到江戶會有如此榮景，更想不到日後的東京能如此發展吧。

再者，照片是皇居之中的江戶城天守閣跡，也就是江戶城的天守所在地現況，每個人都可來此參觀。目前這裡只剩下基石與石牆而已，雖然一直傳出重建的消息，但目前仍是三不管地帶，自明曆三年（一六五七）的大火之後，也就是從「明曆大火」[12]付之一炬起算，這裡已荒廢達三百六十年之久。

12 明曆大火

外堀之內全域、建有天守閣的江戶城、多處大名（諸侯）的豪宅、街區有大半付之一炬，死者人數雖眾說紛云，但留有三萬到十萬人的記錄。延燒面積與死者人數都為江戶時代最高。這場火災也因起火原因被稱為「振袖火事」。

江戶城天守閣遺跡

最初的天守閣是於1607年完成，經過大改建後，於1638年成日本國內最大的天守閣，外觀共有五層、內部六層，高度則達58公尺，只可惜在19年後的明曆大火燒毀。隔年加賀藩前田家請來當地居民協助，先行建造高度18公尺、花崗岩材質的天守台，但天守閣卻因復興城池周邊街區優先而未能重建，所以只有東西橫長約41公尺、南北縱長約45公尺，高度11公尺的石堆留存至今。

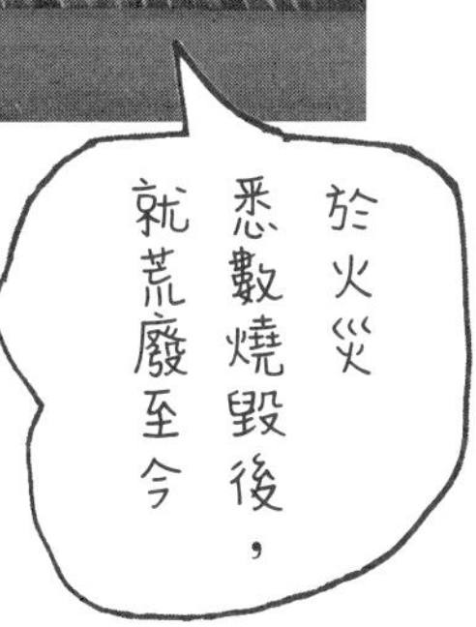

無法原貌重現的最大理由在於沒有當時的設計圖，但另一個理由似乎是得從基礎重新打造，而且江戶城的重建肯定所費不貲，因為再怎麼說，江戶城曾是日本第一的城廓啊。

只是再這樣棄置下去，歷代將軍恐怕要化身為亡靈，一天到晚哀怨地唸叨著「我好恨啊～」，說不定連大手門前的將門都會從首塚被拉出來，所以還是早日下令重建吧（只是我也有點希望能一睹亡靈們的身影就是了！）。

戰國～江戶時代

新世界「下町」的誕生

於溼地曇花一現的町人租界

江戶子的氣質與速食

「江戶名產就是火災、打架、中腹、伊勢屋、稻荷與狗大便」（江戶名物は　火事に喧嘩にちゅうっぱら　伊勢屋　稲荷に犬の糞）

大家可曾聽過這句順口溜？

類似的說法還有

「火災和打架是江戶之花」

這兩句是落語（類似單口相聲）常見的插科打諢，卻也散發著危險的氣息。

不過呢，這就是「江戶文化」啊。

江戶這塊地方打從一開始就在蓋房子，也常發生大火災，所以一年到頭都在蓋房子，導致隨時都有建築工人、木工與粉刷工的需求，只要不是農家的大兒子，不管來幾個，江戶這塊土地都敞開大門歡迎，長此以往，整個江戶放眼望去都是男人，女性的人數極端缺乏。

直到日後江戶幕府下令參勤交代，這個男女人數失衡的問題也未得到改善。或許是因為一整年都需要蓋房子的勞工，大名的隊伍幾乎見不到女性的身影，從高高在上的諸侯到最下層的小卒清一色都是男性，至於負責煮飯打掃的女性全在江戶徵調，下半身的交手對象當然也順便徵調。

基於上述理由，**江戶時代的江戶男女比例為2：1，男性人數壓倒性勝出**。

接著為大家解釋一下江戶的順口溜是什麼意思。

「火災」與「打架」想必不用多做解釋，但「中腹」（ちゅうっぱら）是什麼意思？這個詞是指「累積了很多壓力，導致心情煩燥」，如果遲遲無法得到紓解，就會開始生氣（日文為「腹立ち」）。江戶子之所以一言不合就動手，或許跟心情時時感到煩躁有關吧。

對於個性如此急躁的江戶子而言，速食該是再適當不過的料理。於江戶誕生的日本料理如今已成功席捲整個世界，也成為符合現代習慣的飲食習慣。近年來，來日本旅行的外國人激增，他們也都很喜歡日本料理，想必是因為他們很忙吧？

話說回來，剛剛的順口溜居然沒有提到食物，明明說的是「江戶名產」，沒有提到食物還真是讓人覺得不可思議。

順帶一提，「伊勢屋」是一名在江戶大發利市的商人，據說當時的江戶到處都掛著伊勢屋的招牌。之所以滿街都是「狗大便」，則是因為「生類[1]

●1 生類憐憫令

由第五代將軍德川綱吉頒佈，非常極端的動物愛護令。某位僧人告訴戌年所生的德川綱吉，只要愛狗，就能彌補前世犯下的罪過，上天也會賜下後嗣，所以德川綱吉便於一六八七年頒佈這項命令。這項命令的目的之一是保護棄嬰與病人，後來保護對象除了貓狗，還包含牛、馬、禽類、魚類，也訂立了縝密的相關罰則，致使庶民的生活苦不堪言。極度愛狗的綱吉為了養狗而在中野、四谷、大久保這些地方蓋了狗屋，所以當地居民背地裡都稱綱吉為「犬公方」。綱吉死後，這項命令也旋即廢止。

憐憫令」（禁止殺生的命令）而到處看得到野狗。

「稻荷」指的不是稻荷壽司（豆皮壽司），而是稻荷神社。大家都知道稻荷神的使者是狐狸吧，而狐狸愛吃油豆皮，所以提到「稻荷」才讓人聯想到「稻荷壽司」，但這終究只是從關西傳入的迷信。

蛤～？所以才說「稻荷壽司」不是江戶名產。江戶名產應該是蕎麥麵、握壽司、天婦羅、蒲燒鰻魚、關東煮這些不分男女老少都愛吃的食物。

這些就是在江戶誕生的速食，而且必然是在江戶下町這種特殊環境產生的食物，也都是在**路邊攤販買得到、吃得到的平價美食**。

只不過其中有大半到了現代變成高級料理。明明握壽司只是壽司師傅用手握好，顧客也用手抓著吃的食物，不用遵守什麼禮儀，也不是什麼高貴的東西，但在某些店卻變成超高級料理。

其他的食物也是大同小異，沒想到卻變得如此高不可攀，可憐的我依舊口袋空空（唉，就算了吧）。

不管基於何種理由，江戶的飲食文化的確在江戶庶民的需求下大大發展，反正江戶的飲食文化本來就接近於零，所以什麼食物都有可能引爆流行。

江戶前壽司應該不需多做解釋了吧。相較於關西的押壽司或其他縣市的熟壽司，握壽司可說是江戶的象徵。握壽司本來只是在路邊攤站著吃的食物，是為了方便年輕的男性勞工（主要是做粗活的勞工）在路邊攤快速填飽肚子而生的食物，所以捏壽司的人捏得快，負責吃的勞工也吃得快，這下子大家該明白江戶子的工作有多忙了吧。

順帶一提，「江戶前」是指使用在江戶前方，也就是在東京灣（江戶灣）捕到的漁獲捏壽司的意思，只是現在一提到「握壽司」，不管是北海道還是紐約開的店，都會特意掛上「江戶前壽司」的招牌，這還真是讓人啼笑皆非啊。

江戶的發展與下町的擴張

基於上述種種理由而誕生的下町出現了斬首刑場、無名氏墓地、非人部落這些地方，吸收了不少「化外之民」，讓這些人有方寸棲身之地。最終也出現了吉原這類花街柳巷（女性人數不足，性產業才有機會發展。春宮圖會流行也是基於相同理由），不管是村民還是武士，三教九流全聚集在這個飲酒作樂的地方。

除了速食之外，江戶還有浮世繪、刺青、消防隊、魚販、落語、漁獲上岸的地方（位於日本橋濱町）與棒手振[2]。

[2] **棒手振** 用桿子扛著漁獲、蔬菜邊走邊叫賣的人或行為。

這些都是於江戶下町蘊育的文化。這塊如泡沫新生的土地聚集了來自全國各地的年輕男子，獨特的世界也就此誕生。

江戶與京都或大阪不同，沒有淵源流長的歷史，但也因為沒有歷史包袱，才能從零開始建造。

天正十八年（一五九〇）八月，家康首次踏入江戶這塊新領地，既有的江戶城也已千瘡百孔。

家康銜秀吉之命移封到陸地盡頭的坂東（關八州）不過是一個月之前的事，之所以將計就計，或許因為他估計江戶這塊土地未來將大有發展吧。

家康似乎曾事先調查江戶，恐怕也早就知道江戶是塊風水寶地，更知悉江戶重繼於此地建造居館的理由，不用多說，家康也知道被譽為築城名人的太田道灌曾在此建造基本的城廓與街區，或許他心中早已認為，江戶才是未來的「首都」。

江戶經過江戶時代的發展，到了明治時代，總算迎來天皇，取代原本的德川幕府。此時東京的下町也如氣球般膨脹與擴張。乍看之下，似乎極盡繁榮，啊，不對不對，不能說成乍看之下，因為當時的確繁榮，只是一切有如「巴別塔[3]」。

3 巴別塔

舊約聖經「創世記」提及的巨塔。諾亞方舟的洪水之後，人類在巴比倫這個地方設立首都，打算建造一座能通天的高塔，為此感到憤怒的神為了打擊如此傲慢的人類，特意把人類的語言打亂使之無法互相理解，這座高塔也因此未能竣工。這個故事常被用來形容不切實際的計畫。

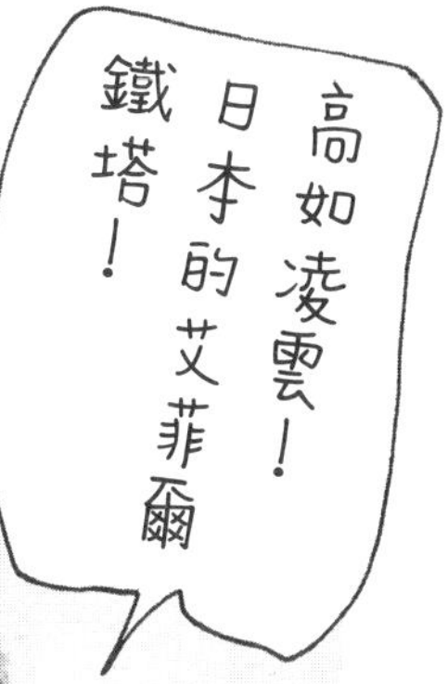
高如凌雲！
日本的艾菲爾鐵塔！

凌雲閣（俗稱「淺草十二階」）

The Gourd Pond of Asakusa Park, Tokyo.
淺草公園瓢簞池
（東京名所）

凌雲閣是於1890年竣工，高達52公尺的12層眺望高樓，也是當時日本最高的建築物，因此享有「高如凌雲」的美名。這座建築物擁有日本首座電梯之餘，摩登的造型受到眾人喜愛，甚至被稱為「日本的艾菲爾鐵塔」，吸引了不少看熱鬧的人群。關東大地震之際，八樓以上的部分崩塌，也未見重建的可能，最後只好以爆破的方式拆除。

請大家回想一下，東京的下町在大正十二年（一九二三）的關東大地震全毀，淪為遍地瓦礫的下場，凌雲閣（被稱為淺草十二階的高樓）也於這場地震崩壞。

下町本是岌岌可危的土地，本是不存在的土地，所以土地才如此便宜，整個街區就如浮舟般漂浮，才因此常常發生水災，荒川的堤防也是因為荒川兩岸慢慢有人定居才一點一滴築成。

山手與武家屋敷

與前述的下町先後成立的山手主要是武家屋敷（宅院）、大名屋敷林立的地區，此處不是填海造陸而來的下町，是原有的高地。

這些地區是由德川一族分派的土地（後由幕府管理），所以不管是與江戶城的距離、位置還是面積，都由當地主人的地位決定，這與抵禦外敵當然也有關係，由此可知，一切都以侍奉德川家為最優先的目的。

武家屋敷依種類、功能分成上屋敷、中屋敷、下屋敷與藏屋敷。不管是哪一種，武家屋敷（江戶藩邸）的特徵在於每一間的面積都很寬廣。

比方說，位於本鄉的東京大學能於現代擁有如此廣闊的面積，全因此地原為江戶時代的大名屋敷。除了赤門與三四郎池得以保留原貌之外，這裡原本是加賀藩前田家的上屋敷（東大附屬醫院一帶則涵括富山藩屋敷的遺跡）。這屋敷遼闊得令人驚訝吧！真要走一圈，恐怕得耗費一整天以上的時間。

順帶一提，過去的加賀藩邸下屋敷位於板橋區加賀公園一帶的區域，如今雖已不復見，但聽說單單下屋敷的面積就高達二十二萬坪，足足可容納十六個東京巨蛋。話說回來，現在的東京巨蛋以及旁邊的後樂園遊樂區以及小石川後樂園，在過去都是水戶藩的上屋敷。

既然都已介紹這麼多，就容我介紹一下江戶藩邸與舊址的現況（也只能介紹一小部分而已），大家也能因此更了解東京都的主要設施原本是各處武家屋敷這件事。

赤坂御用池、迎賓館（千代田區赤坂）＝紀州藩邸舊址

新宿御苑（新宿區內藤町）＝高遠藩內藤家四谷內藤新宿下屋敷

▼高輪皇族邸（港區高輪）＝熊本藩細川家中屋敷

▼常陸宮邸（澀谷區東 舊常磐松町）＝薩摩藩島津家下屋敷

▼明治神宮（澀谷區代代木）＝彥根藩井伊家下屋敷
▼國會議事堂（千代田區永田町）＝廣島藩淺野家中屋敷與其他地區
▼最高裁判所（千代田區隼町）＝田原藩三宅家上屋敷
▼外務省廳舍（千代田區霞關）＝福岡藩黒田家上屋敷
▼法務省廳舍（千代田區霞關）＝米澤藩上杉家上屋敷
▼國土交通省廳舍（千代田區霞關）＝廣島藩淺野家上屋敷
▼防衛省廳舍（新宿區市谷）＝尾張藩徳川家上屋敷
▼築地市場（中央區築地）＝尾張藩徳川家蔵屋敷
▼美國大使館（港區赤坂）＝牛久藩山口家上屋敷
▼義大利大使館（港區三田）＝伊予松山藩松平家中屋敷
▼奥地利大使館（港區高輪）＝會津藩松平家下屋敷
▼慶應義塾大學（港區三田）＝島原藩松平家中屋敷
▼青山學院大學（澀谷區澀谷）＝西條藩松平家上屋敷
▼上智大學（千代田區紀尾井町）＝尾張藩徳川家中屋敷
▼清泉女子大學（品川區東五反田）＝仙台藩伊達家下屋敷
▼拓殖大學（文京區小日向）＝大垣新田藩戸田家下屋敷
▼帝國飯店（千代田區内幸町）＝備後福山藩阿部家上屋敷

三四郎池

位於加賀藩前田家上屋敷育德園之中的池塘的正式名稱為心字池。日本文豪夏目漱石借此地為小說《三四郎》的舞台之後，這裡便被稱為三四郎池。1615年，前田家受封此地後，於1629年建造庭園。一如此地被譽為江戶第一名園，得以保留原貌的這座池塘如今仍饒富意義。由於可在池塘周邊散步，都會綠洲的愜意也就此而生。

▼大倉久和飯店東京本館（港區虎之門）＝川越藩松平家上屋敷
▼赤坂格蘭王子飯店（千代田區紀尾井町）＝紀州藩德川家中屋敷
▼新大谷飯店（千代田區紀尾井町）＝彥根藩井伊家中屋敷
▼ARK Hills（三得利廳）（港區赤坂）＝川越藩松平家中屋敷
▼國立新美術館（港區六本木）＝宇和島藩伊達家上屋敷
▼東京Midtown（港區六本木）＝長州藩毛利家中屋敷
▼赤坂Sacas（港區赤坂）＝廣島藩淺野家中屋敷
▼椿山莊（舊山縣有朋邸宅）（文京區關口）＝久留里藩黑田家下屋敷
▼都立戶山公園（新宿區戶山）＝尾張藩德川家和田戶山下屋敷
▼六義園（文京區本駒込）＝郡山藩柳沢家下屋敷
▼永青文庫　與其他地區（文京區目白台）＝熊本藩細川家下屋敷
▼有栖川宮記念公園（港區南麻布）＝盛岡藩南部家下屋敷
▼八芳園（港區白金台）＝薩摩藩島津家下屋敷
▼清澄庭園（江東區清澄）＝下總關宿藩久世家下屋敷

大家是不是覺得很厲害呢？

這還只是一小部分，例如許多大企業的總部大樓或是大型公園、學校、

帝國飯店

如果想一睹風采，請移步至愛知縣的明治村

帝國飯店是於1890年開業的三層式建築，主要的建材為木材與磚瓦（後於1919年的火災燒毀）。為了建造新館，特別請來美國知名建築師法蘭克・洛伊・萊特設計，於1923年竣工。這張照片就是萊特設計的「萊特館」。這座萊特館雖因老舊而於1968年拆除，但玄關部分則耗時十幾年移建至明治村博物館（愛知縣犬山市），讓人一睹當年的風采。

大堂、東京的主要設施，**這些位於東京都中心，日本的代表性設施，有大半原是武家屋敷**。

進入江戶時代後半段之後，武家屋敷也於下町設置，最後介紹的清澄庭園正是下町的武家屋敷。

此外，因江戶三大祭聞名的深川富岡八幡宮（江東區富岡）是於寬永四年（一六二七年）建造，而且是建於沒有歷史淵源的海埔新生地。由於這麼一大片的海埔新生地都是神社的用地，讓這座神社有種旱地拔蔥的感覺，而且還很有錢。放眼日本全國，這都算是非常罕見的例子，也是江戶下町的象徵。會發生與神社毫無關聯的嗜血事件，或許也是因為風土人情的關係吧。

江戶時代 1

螺旋的堀道與陰陽道

無限擴張的江戶都市構造

圍不成圓的內堀與外堀

前述已提到江戶是日本第一的風水寶地，德川則是進一步強化風水的設計，強化的意圖完全反映在德川一族的「造鎮計畫」，請大家先看看地圖。

上圖為明和年間（一七六四～一七七二），下圖為慶應年間（一八六五～一八六八），兩張地圖都是右側為北方，下側為東方的方位。

這兩張地圖雖不像現代地圖，是基於精準的測量方式繪製，但所有的江戶地圖都有一點共通之處，那就是護城河的構造。

從圖中可以發現江戶城周圍的水道呈螺旋形狀。

一般習慣將這些水道稱為「內堀」與「外堀」，這種稱呼似乎讓人以為水道的走勢呈同心圓，但地圖告訴我們，事實並非如此。

是的，護城河的形狀不是同心圓，而是如蝸牛殼般的「螺旋狀」。所以這裡的水道既無「內側」也無「外側」。不知道是未看過街區鳥瞰圖的人誤以為是同心圓，還是幕府的政策如此引導，總之到了最後，當地的居民慢慢地接受了這種說法。

當時知道這項事實的人也肯定沒有積極撥亂反正，因為再怎麼說，都城

江戶地圖

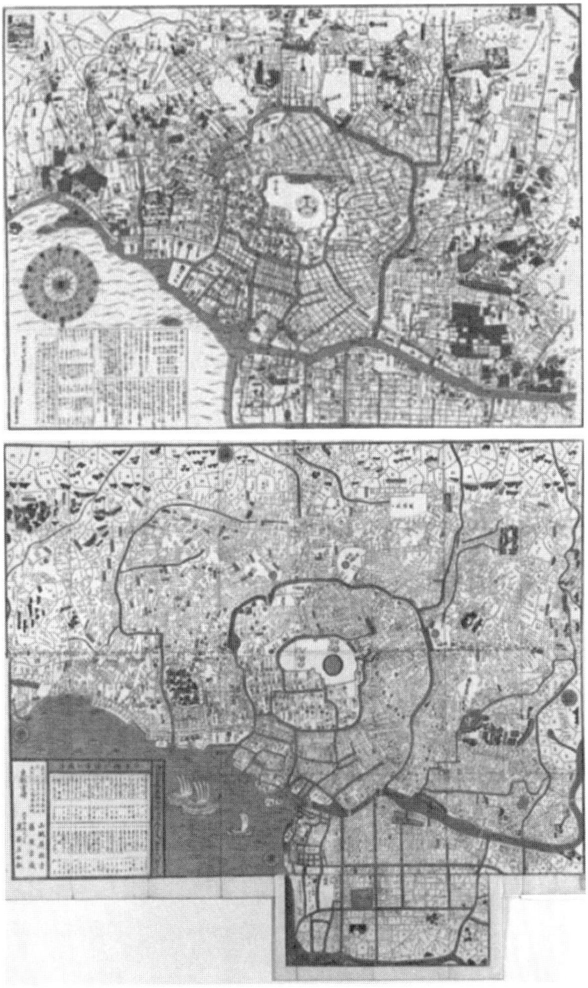

上方為1764～1772年的地圖，下方為1865～1868年的地圖。

的地圖絕對是國家機密。

進入明和年間之後，德川的政權已固若磐石，不再需要將這事實列為機密，也就在此時，出現了許多類似的地圖，也成為江戶的土產，所以隨處可見形形色色的江戶地圖。

只是這些地圖要說是地圖，精確度又實在不太夠，看得出來製圖技術有多麼拙劣，護城河也被刻意畫得又粗又扭曲，這種赤裸裸的設計意圖還真是令人啼笑皆非。

江戶的造鎮計畫是以護城河為主，所以這些護城河並非主要幹道，而是「主要水路」。

這些主要水路可說是江戶的「動脈」。早期太田道灌打算於江戶築城時，這裡是接近利根川與荒川河口的海邊，比後面的大手門周邊更靠東側的地區沒有街區，只有一大片的低窪地與海洋（也有部分地區像是小島般突出海面）。

一如前章所述，第一位在面臨江戶灣的高地建造居館的是武藏武士團之首的江戶一族，當時約莫為十二世紀。

太田道灌等於是在這個居館的舊址建造主城，這裡在日後也成為德川的主城所在地（在風水學裡，這類地點稱為龍穴）。

除了道灌，家康、秀忠與家光這三代將軍也曾在此地的東側進行為期數十年的大型治水土木工程。

沿岸的低窪地因這些工程被一步步填為海浦新生地，日本橋、京橋、神田這些居住地區也於焉形成，以城池為圓心的「螺旋狀」（如日文的「の」字型）水路也順著平川這些自然形成的河川一步步建造。

最後，俗稱的大江戶八百零八町總算完成（其實最後多達九百零三町！）。

自此之後，江戶的町也越來越繁榮，樣貌也不斷改變，最後茁壯為人口約一百萬人的大都市，比當時歐洲最大都市的倫敦（七十萬人）或巴黎（三十萬人）的人口還多，也是**當時世界最大的都市**。

換句話說，東京並非因為是東京才成為大都市，而是早在江戶時代就已殷盛一時。

東京能**擁有如此榮景，全拜獨特的風水規劃，也就是「螺旋水路」**。都市所需的「水道」、「下水道」與居民、物資的「流通」全由上述的螺旋水路解決。

天海對江戶施展的咒術

江戶的確處處藏有風水的設計。

例如鎮守鬼門的神田明神或柳森神社，這兩座神社的前方還有原本稱為三社明神、三社權現的淺草神社[1]（不是淺草寺）。

上野東叡山寬永寺[2]常被當成江戶城鬼門的守護神，但攤開地圖就會發現，寬永寺的位置不在鬼門。據說這是設置寬永寺的天海僧正[3]的詭計，比照京都鎮守鬼門的比叡山命名為東叡山，也很像是天台密教僧會做的事。不過，這只是障眼法。

同樣的，鎮守裏鬼門的不是增上寺[4]，而是山王日枝神社。

這兩種說法只要攤開地圖就能得到佐證，毫無可議之處。

究竟是誰設計江戶風水，至今眾說紛云，較為有力的說法為南光坊天海或金地院崇傳[5]。

深度參與家康的政治因而被譽為「黑衣宰相」的崇傳雖然精通卜易之術，但他本身屬於日本禪宗之一的臨濟宗。臨濟寺院的地位在江戶也不算太崇

1 淺草神社

位於東京都台東區，主神為土師真中知、檜前濱成、檜前竹成。六二八年，同為漁師的兄弟檜前濱成與檜前竹成在隅田川打漁時撿到觀音像，與土師真中知商量後，土師真中知建議供奉這尊觀音像，也成了淺草寺的起源。這三人的後世子孫也祀奉這三個人，這三個人便被稱為「三社權現」。

2 寬永寺

位於東京都台東區，是天台宗的關東總本山，也是德川將軍家的祈禱所、菩提寺，十五名德川將軍有六名葬於此地。十七世紀中葉，皇族開始於此擔任住持，也因管轄日光山與比叡山而擁有滔天的權

高。

關於崇傳有一個知名的小故事。話說家康辭世之際，崇傳強烈主張家康的神號應為明神號[6]（吉田神道），後來卻不敵天海主張的權現號[7]（山王一實神道），所以家康的神號就為權現號。

或許就是因為這個緣故，德川一族的風水之後全由天海一手包辦。

順帶一提，家康應該具備深厚的風水、陰陽道的知識，所以才會重用天海等人。

一般認為，輔佐家康的天海為德川的治世奠定堅若磐石的基礎，但這為渾身充滿謎團的人物原本是武田信玄的謀士，早早就在歷史的舞台登場。他曾侍奉織田信長，豐臣秀吉也曾求教於他，家康逝世後，他便成為秀忠與家光的肱股之臣，最後於寬永二十年（一六四三），享一〇八歲高齡去世。咸認這段期間的風水都有他參與的痕跡。

基於上述種種事蹟，螺旋水路是由天海一手設計的結論較為妥當。密教原本就是非佛教的宗教，一直以來，都在日本的風水史扮演特殊的角色。比叡山的天台密教、高野山[8]的真言密教都非常重視「螺旋構造」。

由真言密教開山祖師「空海」開始的四國八十八處遍路巡禮在受到世俗的影響之後，才慢慢演變成現在的路線，但最初的路線也是呈「螺旋狀」。

勢，不過主要的伽藍（寺院的建築物）在明治新政府與彰義隊的上野戰爭燒毀。現址為原本的子院，本堂則為川越喜越院（天海擔任住持之寺）的本地堂移建而來之物。

● 3 天海

天海（一五三六～一六四三年），為安土桃山時代至江戶時代的天台宗僧侶，別名南光坊天海、智樂院。曾為德川家康近臣，負責江戶幕府初期的朝廷政策與宗教政策。家康死後，繼續輔佐第三代將軍家光，並於寬永元年（一六二四）建造寬永寺。曾參與江戶的都市規畫，擘畫以陰陽道、風水鎮守江戶。

天台密教的千日回峰行也是呈「螺旋狀」的路線。

想必大家都知道曼陀羅的構圖也是呈「螺旋狀」。

螺旋構造是將「氣」導入螺旋中心的咒術。

請大家再度攤開江戶的古地圖看看，應該不難看出螺旋狀的構造，但更重要的是明和地圖左下角的方位圖。這與風水師用於鑑定風水的羅盤具有相同的構造，換言之，這張地圖該說是「江戶的風水圖」才對。附有詳盡方位圖的螺旋水路正是象徵江戶風水本質的構圖。

接著要問的是，這呈螺旋狀的水路在咒術上有何意義？

答案只有一個，那就是利用大規模的土木工程建造水路，讓富士山的氣隨著螺旋狀的水路往江戶城匯聚。這便是江戶風水最大、最強的根源。

這一帶當然也應用了其他各式各樣的風水之術，例如四神相應就是其中一種，但這些風水之術充其量只是旁枝末節，即使是為了「鎮守鬼門」而建造的寬永寺或東照宮，在規模為江戶全區的「風水規畫」之中，也只能算是雕蟲小技。

京都的風水也有相同的規畫，例如人工開拓的鴨川就是為了強化風水，

4 增上寺

位於東京都港區，是於室町時代開宗的淨土宗寺院。德川家康於關東設立幕府之後，立刻被選為德川家的菩提寺，十五名德川將軍之中，有六名葬於此地。

5 崇傳

崇傳（一五六九～一六三三年）是安土桃山時代到江戶時代的臨濟宗僧侶。原為室町幕府幕臣之子，在室町幕府覆滅後出家為僧。後來在德川家康身旁負責訂立江戶幕府的法律、外交制度與宗教規範，因其權勢之盛，被稱為「黑衣宰相」，也是武家諸法度的起草人。

6 吉田神道

始於室町時代京都神道

只是京都不像江戶，完全依照風水建設都市。

能與江戶匹敵的只有織田信長的安土城與城下町，以及豐臣秀吉的大阪城與城下町。這兩座城的天守閣都蓋在龍穴的正上方，過去也都呈螺旋構造（可惜後來都被破壞）。

順帶一提，織田信長在本能寺之變被殺後，安土城立刻遭受祝融之災。至於火災的原因，最為有力的說法是信長次男的信雄縱火焚城，但從信雄的監護人為家康這點來看，似乎是家康在背後唆使。

大阪城本是易守難攻之城，但護城河卻在家康的奸計之下被填平，導致大阪城成為毫無屏蔽的裸城，也因此被一舉攻下。

這兩座城的城下町的基本構造都被破壞，再也看不見原有的構造，所以不管是織田家還是豐臣家，都只能走向衰退一途。

其實這是典型的**「斬斷風水命脈」**的手法。

家康通曉風水、陰陽道這點是不容質疑的，信長與秀吉會重用他也不難想像。換言之，戰國的霸者不僅**以武力一決勝負，也在風水這個戰場一決高下**，最後的勝利者當然是家康。

家吉田兼俱，由吉田家提倡的神道之一。闡釋神、儒、佛、道四教與陰陽道的關係，視神道為萬法之源，以神主佛從的立場主張反本地垂跡說（註）。透過頻繁的宣教活動授予地方神社神位，賦予地方神社授予神職的權限，將全國的神社、神職全納入吉田神道，也將吉田家推上神道掌門人的地位。神道原本以皇室為主家，長期由白川家掌握實權，在吉田家竄起之後，大部分的權限便落入吉田家之手。

註：「本地」是指佛菩薩之實相法身，「垂跡」則指由佛菩薩之本體示現種種身以濟度眾生。這是日本佛教興盛時期的思想，認為日本神道的八百

螺旋是究極的真理

接下來是稍微有點難度的內容，不擅於閱讀理論的讀者，還請讀個大概就好。

不管是風水還是陰陽道，其原理都不限於東洋一隅，而是跨越東西文化藩籬，放諸世界通用的邏輯。

其一的共通之處就是「螺旋」（spiral），江戶的造鎮計劃充份體現了這項原理。

東西雙方老早就知道螺旋是「究極的真理」之一。想必大家都知道古希臘哲學認為數學與美術或與音樂的相通之處就藏在「黃金比例」裡（後述），而這個黃金比例於卷貝這類生物的對數螺旋（鸚鵡螺貝的剖面圖）出現也是已知的事情。

發現五芒星（☆）合乎黃金比例的是古希臘哲學家畢達哥拉斯[9]。

畢達哥拉斯與其夥伴將五芒星稱為「pentagram」，特別尊重這個星形圖案之餘，還當成夥伴之間共通的符號。自古以來，五芒星會被視為靈力或啟示的象徵，或許也是基於這層涵義。

萬神是佛菩薩的化身，藉此給神佛兩者平等地位。

7 山王一實神道

山王神道是平安時代末期到鎌倉時代於天台宗總本山的比叡山延曆寺誕生的神道流派，是由日枝山（比叡山）的山岳信仰、神道、天台宗融合而成，經過天海發揚光大之後，便形成所謂的山王一實神道。德川家康於駿府城逝世後，靈柩運往久能山，再依吉田神道的儀式下葬，但隔年旋即移棺日光，由天海舉行山王一實神道的儀式，追封「東照大權現」神號。

8 空海

空海（七七四～八三五）是以弘法大師這個謚號聞名的真言宗開山

畢達哥拉斯認為萬物的本質在於「數」，不管是天體的運行、自然景色、音樂、美術，背後都符合「數的法則」。

足以解釋這個想法的原理正是「黃金比例」。

自古以來，黃金比例就被視為最美的形狀，尤其是「兩邊呈黃金比例的長方形」被認為是最美麗的形狀。帕德嫩神殿的外觀或希臘雕刻、蒙娜麗莎這類古典名畫的構圖通常都符合黃金比例。

次頁圖中的A：C為1：1.618……，簡單一點的解釋就是A：C約等於5：8，這就是長寬比約等於5：8的長方形，也是自古傳述的「黃金比例」。

黃金比例被視為最和諧的比例，我們人類似乎與生俱來認為符合這個比例的長方形是最完美的形狀，只是不知道為什麼人類會有如此本能。

乍看之下，我們日常生活所見的長方形很普通，但有許多都接近這個長方形的比例，例如日本人常用的「名片」就符合這個比例。

明信片或書籍雖然很常被拿來當成例子，但其實長邊都短了一點，不符合黃金比例。或許是覺得這樣修長的形狀比較美麗，抑或覺得保持現狀比較適當，也或許只是「審美觀的霸權」。

順帶一提，若將黃金比例的長方形的短邊視為A，再以邊長為A的正方形除之，就能得到黃金比為B×A的長方形。

祖師。於現代的香川縣善通寺市誕生。曾以遣唐使的身份遠渡中國，同時將真言密教帶回日本。在高野山創立金剛峯寺，並將東寺（教王護國寺）定為真言道場。同時也是詩文並茂的書法大師，在日本全國留下不少故事與傳說。

● 9 畢達哥拉斯

西元前六世紀知名希臘哲學家、數學家、宗教家，曾創立教團，相信靈魂不滅、輪迴、死後報應的說法，重視鎮魂音樂之餘，也重視告知人類永恆不變的真理為何的數學，他認為萬物皆因數學而井然有序，也發現了畢式定理（三平方定理）。

黃金比例的長方形

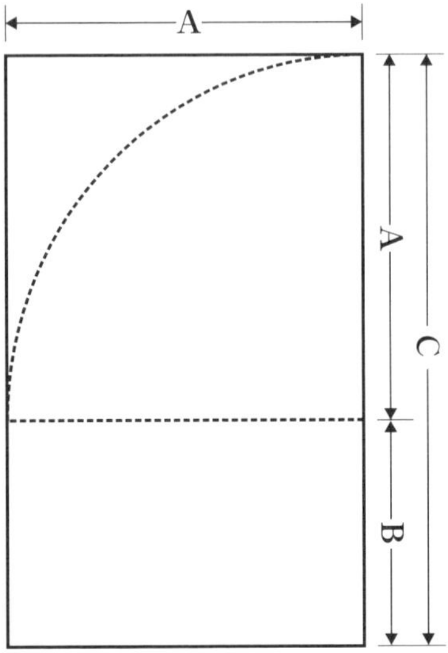

正五角形

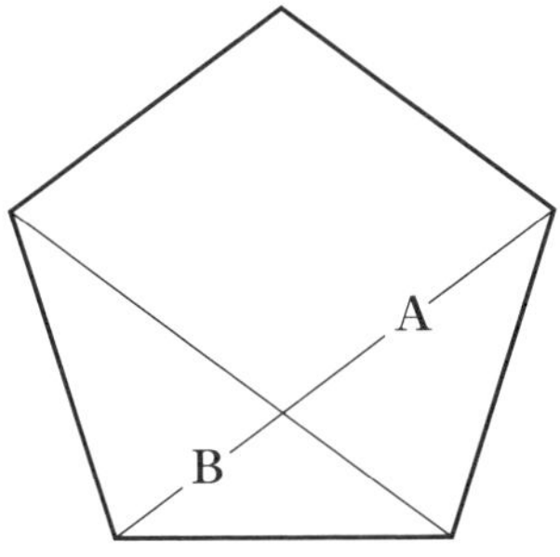

接著若再以邊長為B的正方形除以這個新的長方形，就能得到另一個符合黃金比例的長方形。以此反覆除之，可得到無限個符合黃金比例的長方形。

前一頁的下方圖片為正五角形，其中的兩條對角線將彼此切割成「黃金分割」。被切割之後的A與B的比率為1：1.618……，換言之，就是「黃金比例」或「黃金分割率」，發現這項事實的是畢達哥拉斯。這類對角線組成的圖形就是五芒星。

此外，符合黃金比例的數理還有斐波那契數列[10]，據傳法國知名建築師柯布[11]便在自己的設計貫徹這項數理原則。

順帶一提，日本國立西洋美術館（台東區上野公園）為柯布的代表之作，目前已指定為世界文化遺產，若是這裡舉辦了引起話題的展覽，請務必來此一遊，見識一下建築之美。

被稱為黃金比例原理圖的五芒星也是陰陽道的象徵符號，基於安倍晴明[12]頻繁使用，所以又被稱為「晴明紋」、「晴明桔梗」。

五行（木火土金水）的基本圖形也是同樣的形狀。精通易經與天文的晴

●10 斐波那契數列

以發現者義大利學者列奧納多・斐波那契命名的數列，其規則如0、1、1、2、3、5、8、13、21、34、55、89、144、233、377、610、987般，相鄰兩數的總和為下一個數字，或是「相鄰兩數的比」（8÷5、13÷8、21÷13……）都接近黃金比例（1.618……）（數字越大越接近）。此外，這個數列常見於自然現象。

●11 勒・柯布

本名為查理・艾杜阿・江耐瑞（一八八七～一九六五）。生於瑞士鐘錶錶殼雕刻師之家，是旅居法國的建築家，也是足

明應該非常了解蘊藏其中的黃金分割的數理，以及與該數理整合的螺旋形狀。

繼承這套理論並將其發揚光大的正是江戶的天海僧正與德川家康。

不管是畢達哥拉斯學派還是安倍晴明的陰陽道，會同時以五芒星做為象徵符號絕非出於偶然。

請大家看看對數螺旋圖。一如前述，反覆從邊長為黃金比率的長方形扣掉正方形，可得到無限個邊長比率相同的長方形，而對數螺旋便是這連續圖形的軌跡。

這張圖裡的螺旋是以正方形邊長為半徑的圓弧組成，以長邊為直徑的圓弧也形成螺旋，理論上，這個螺旋可無限延展。

順帶一提，現代「風水術」的大部分流派都已失去「螺旋真理」的傳承。雖然還是以黃金比例的正五角形以及表徵五芒星的五行相剋相生為原理，卻沒來由地忽略了做為底蘊的螺旋構造，我一直認為這就是一種「退化」。

原理失傳的習俗只能依附於毫無理論佐證的「迷信」，陷入無可自救的惡性循環。迷信造就更大的迷信，也讓風水步步退化。例如「金色的錢包

以代表二十世紀的近代建築理論巨擘。善於利用鋼筋水泥打造無裝飾的平滑壁面，提倡以合理性為信條，有別於傳統的現代主義建築，也設計許多家具，至今仍有不少傑作受到歡迎。

● 12 安倍晴明

安倍晴明（九二一～一〇〇五）。平安時代的陰陽師，因為善於占卜吉凶與陰陽道祭祀而受宮廷重用，留有《今昔物語集》、《大鏡》、《宇治拾遺物語》這類記錄其言談的書籍，是從鎌倉時代到明治時代宰制陰陽寮的土御門家的祖先。死後被神格化，於京都的晴明神社祀奉。

五行相生相剋圖

安倍晴明《占事略決》第十一
五行相性相剋法

木生火、火生土
土生金、金生水
水生木。

木克土、土克水
水克火、火克金
金克木。

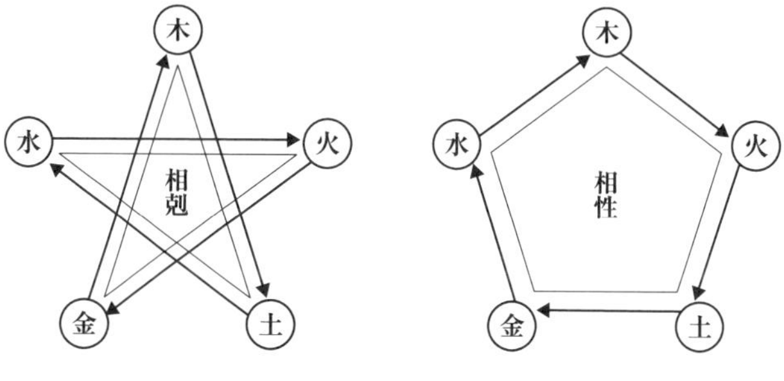

由黃金比例形成對數螺旋

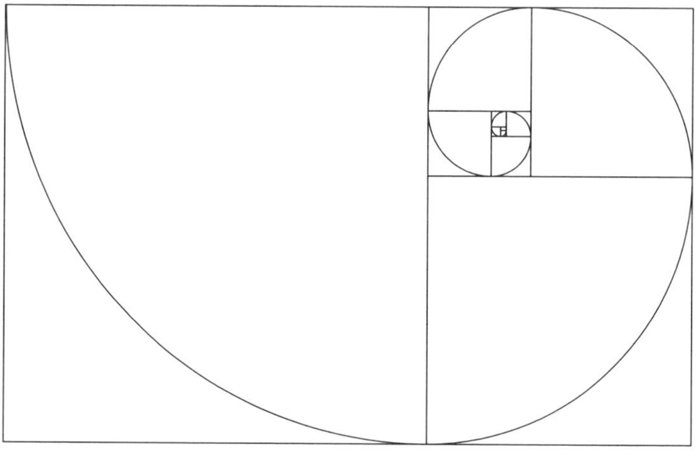

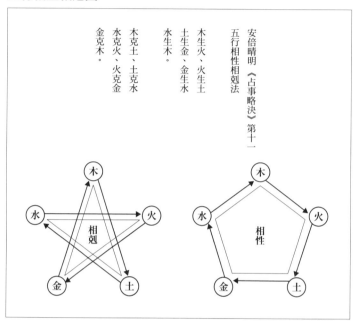

能帶來財運」只會讓風水淪為「怪力亂神」的迷信。

順帶一提，同時代也出現了類似的情事，證明這個構造並非偶然，其中最具代表性的是姬路城的城下町。這個城下町同時具有四神相應的設計與螺旋構造，與江戶採用相同的手法建造，我推測這有可能與同一位人物有關。

東京還有許多符合黃金比例的建築物，例如江戶城與西洋美術館就是其中之一，其他也還有許多外觀經得起時代考驗的建築，大家有機會在東京散步的話，留心探訪一下如何呢？

江戶時代 2

表鬼門與裏鬼門

道灌與家康的都市計畫

將鬼門當成守護神的江戶

鬼門信仰始於京都，更正確一點的說法是始於平安京。

平安京曾籠罩在害怕怨靈作祟的文化底下。由於平安京是由桓武天皇創建的都城，所以這股恐懼感也源自桓武天皇。害怕怨靈作祟的人會訂出鬼門這種恐怖的方位，或許恰恰坐實了他們有多麼害怕怨靈。

反觀江戶從一開始就不太有這種害怕怨靈作祟的文化，所以**反過來利用鬼門信仰**，將怨靈當成「守護神」祭祀。

畏懼「鬼門」的日本風水設計也於建設江戶之際貫徹，一如前述，神田明神、淺草神社被視為表鬼門的守護神，而且在這兩處神社的前方，還有一些「機關」，接著就為大家進一步介紹。

第一道的守護為神田明神。

原本位於大手門前的將門明神社，俗稱單眼明神，遷移至現址後被當成守護神膜拜。

明治政府雖將主神從平將門換成大己貴命（當然是為了斬斷德川的風水命脈！），第二次世界大戰之後，又恢復成於本殿合祀的形式。

神田明神在連同少彥名命一併祭祀後稱為三神相殿，但原本是只祭祀將門的神社，**所以江戶德川的鬼門守護神當然非身為鬼神的將門莫屬**。

表鬼門之前還有因三社祭聲名大噪的淺草神社（並非淺草寺）。這座原本稱為三社的神社在德川幕府定為三社權現後，成為鬼門的守護神，之後又因明治的神佛分離政策，社名被變更為三社明神，過沒多久又被變更為淺草神社。這裡的神明並非鬼神，想必目的是為了懷柔江戶居民。

無獨有偶，守護裏鬼門的是山王日枝神社（千代田區永田町）。只要翻開正確的地圖絕對能一眼看出守護兩處鬼門的是淺草神社與山王日枝神社。

另外予以佐證的是神田明神與山王日枝神社在整段江戶時期都受到特別待遇。

想必大家都知道神田祭與日枝祭被稱為「天下祭」，其理由之一或許是豪華程度「天下第一」，但更重要的理由是，這是唯二由將軍親自參加的祭典，換言之，有「天下第一人御覽的祭典」之意。

此外，江戶的祭典屬於「百姓」，不屬於「武士」。雖然平日都是武士走在道路中央，百姓走在路旁，唯獨祭典期間，百性得以堂堂走在道路中央。

其中最經典的例子莫過於御輿（神轎）。當百姓與御輿一同緩步遊行時，就連武士也得讓路，這或許是一種「紓壓」的政策，也是讓平常壓制與被壓制的雙方一年一次互換立場的懷柔政策。

另一項特別特遇就是從元祿年間開始，只有兩處神社的御輿得以進入江戶城內，這就是知名的「木戶天下御免」[1]，這不啻是對肩負鬼門鎮守之職的兩處神社的一大禮遇。

守護鬼門的最後措施是設立水戶德川。

德川將水戶拔擢為御三家[2]之一，而這就是「鎮守鬼門」的最終策略。

此外，家康也「不讓水戶繼承將軍之位」。

這是因為家康熟知「鎮守鬼門」的意義。「鎮守」的另一個涵意就是要不動如山，一旦擅離職守，風水就會被破壞。

眾所周知，成為「末代將軍」的是水戶德川的慶喜[3]，父親為烈公齊昭的他雖生於水戶德川家，卻在日後成為「末代將軍」。儘管放眼歷代將軍，他都是才能足以與初代家康比擬的人物，卻難逃被冠上「末代將軍」之名的命運，也因此留下「**鬼門的將軍會招致幕府的滅亡**」與「家康對此一直有所忌憚」的傳聞。

由於誰都知道水戶位於鬼門方位，所以大家都認為只要成為一橋家的養

●1 木戶天下御免

指的是不需要付入場費就能觀賞相撲或舞台劇這類表演的意思，而不用付費的當事人稱為木戶御免，更通俗的意思就是可自由進出，從此處自由進出江戶城稱為「天下御免」或「木戶天下御免」。

●2 御三家

指的是尾張德川家、紀州德川家、水戶德川家，這三家的祖先都是德川家康之子，地位都僅次於德川將軍家，也具有自稱德川以及使用三葉葵家紋的權力。將軍家若後繼無人，就會從尾張家或紀州家迎入養子。

●3 慶喜

德川慶喜（一八三七～一九一三）是德川第十五

山王日枝神社

長年守護裏鬼門

這裡與其他神社迥然有異，境內未見狛犬，只設置了「猴子」。猴子向來被視為神明與人類的橋樑，是自古以來受人類敬畏的對象。此處神社的主神為大山咋神，屬於山神之一，其使者也是同為山林守護神的猴子，可見這裡的猴子非常受到重用。面向本殿的左側有母猴抱著小猴的像，據說可保佑兒童與孕婦生產順利。

子，就能規避家康的遺言，但家康擔心的事情終究還是發生了。

話說回來，御三卿[4]都在江戶城設有宅邸，唯獨一橋家位於主城的鬼門，換言之，水戶與一橋是同類。雖然同是御三卿，但田安家或清水家卻都位於西北方位，以繼承將軍而言，這或許是理想的方位調換[5]，但歷史是沒有「如果」的。

就結果而言，拋下鎮守鬼門之職的水戶德川成了替幕府拉下終幕的角色。

家康與天海的企圖

要談論江戶城鬼門的守護神，就不能不提上野東叡山寬永寺，但一如前述，寬永寺並非鬼門，這不過是障眼法，據說是基於天海僧正的企圖所設，模仿鎮守京都鬼門的比叡山，將此處命名為東叡山也是天台密教僧所為，想必是希望眾人聽到「東方的比叡山」，就以為鬼門是由寬永寺鎮守。

追根究柢，背後還是藏著老謀深算的詭計。

前面已經提過，家康徹底斬斷了信長與秀吉的風水命脈，但家康也害怕自己遭逢相同的命運，不管布置了多麼縝密的風水陣，一旦被破壞就萬事

代將軍。原為水戶藩主德川齊昭的七男，後來繼承御三卿的一橋家。於動盪的時代繼承將軍之位後，原本打算重振幕府政治，卻未能力挽時代狂流，最終將政權還回天皇，史稱「大政奉還」，為德川幕府劃下句點。

●4 御三卿

指的是田安德川家、清水德川家、一橋德川家。田安與一橋一族的祖先都是第八代將軍吉宗之子，清水一家的祖先則是吉宗的孫子。主要的任務是在德川將軍家後繼無人時提供繼承人。田安、一橋、清水這三個俗稱源自與這三家最接近的江戶城城門。

●5 方位調換

這是源自陰陽道的風

休矣。**既然家康是靠著「破壞風水」奪取天下，最害怕的當然是被破壞風水。**

此時想出的對策就是「掩人耳目」的建設，而且還要大肆張揚此處才是鎮守鬼門之地。家康故意頒佈粗糙的江戶街區地圖，還故意放出風聲，讓眾人以為偏離鬼門軸心三十度的寬永寺與增上寺坐落於鬼門軸心，這是何等巧妙的心機啊。

我認為，這項事實恐怕連第四代之後的將軍都不知情，家康與天海的企圖也就此成為永遠的祕密。假設家康死後，有人為了斬斷德川風水命脈而破壞寬永寺與增上寺，真正的江戶風水也毫髮無傷，這應該就是家康與天海真正的企圖。

江戶時代的人無法取得高精密度的地圖，就算具有技術，不能繪製，也不準繪製，一直要等到江戶末期，才出現伊能忠敬[6]所繪的精密日本地圖，在此之前，連測量地勢都是禁止的。此外，忠敬原本是曆學與天文學的專家。

即使到了現代，眾人仍不察家康與天海的詭計，完全沒想到該根據地圖重新確認寬永寺或增上寺的方位。

這也是「江戶鬼門傳說」得以存續至今的理由。

此外，許多人知道位於茨城縣的東海村核能發電廠位於東京的鬼門方位，但是到底是誰促使日本第一座核能發電廠在此處落腳的呢？背後到底又有

俗，當占卜結果的方位不佳，就改從另外的方位出發，避免目的地的方位為招來惡運的位置。

6 伊能忠敬

伊能忠敬（一七四五～一八一八）。於現代千葉縣山武郡九十九里町的名主之家，十七歲入贅千葉縣香取市佐原的伊能家，改名為伊能忠敬。四十九歲隱居後，隔年前往江戶學習曆學與天文學。自五十六歲後，耗費十七年行遍日本全國，死後由弟子完成日本全圖。步行距離相當於繞地球一週的四萬公里。

什麼理由呢？

在不久的將來，如此佈陣理由與結果將會出爐，也很有可能不是我們期盼的答案。

桃太郎的同伴為什麼是猴子、雉雞與狗呢？

「鬼門」恐怕已深深烙印在日本人的基因裡，因為日本人已與鬼門相處長達千年以上，從庶民的日常生活到執政者的城廓、御所，無處不以鬼門為風水的關鍵字，處處見得到相關的風水佈陣。

姑且不論這是好是壞，都無法否認**「鬼門」是剖析日本歷史的重要關鍵字。**若是忽略「鬼門」，將無法徹底了解日本的歷史與文化。

有些人認為童話故事或鄉野傳聞的情節就該荒誕，收尾不該太有邏輯或一致性，許多童話故事或鄉野傳聞也的確在經過漫長的時間之後，扭曲得看不出原本的樣貌。

不過這些故事除了荒誕，多數也毫無內涵可言，當我們無法看清這些故事的本質，這些故事就會越來越扭曲。

寓言這類故事常是現實世界的比喻、暗喻或更直白的告誡，有些寓言的情節會在歲月的催化後有所增減，成為不可理喻的故事。

例如佛教的民間故事的目的為「佈教」，所以情節當然會朝這個目的收尾。這些佛教民間故事的歷史並不長（最具代表性的民間故事集為[7]《今昔物語集》，編撰成冊的年代為平安時代），日本人耳熟能詳的五大童話故事也在不知起源為何的情況下，流傳日本全國各地。

其中最具代表性的《桃太郎》是降伏惡鬼的英雄傳說，也象徵著日本男子漢尚武勇敢的一面，一說認為這個故事源自岡山，但這個故事的確以固定的構造傳遍日本全國，這個固定的構造指的是：

「桃太郎與猴子、雉雞、狗合力降伏惡鬼」

不管是在哪個地區傳承的桃太郎故事，幾乎以這個構造為主軸，沒有任何變動。

若以小孩的角度思考，恐怕會想問如此可怕的惡鬼，怎麼可能被猴子、雉雞、狗這三種不算猛獸的動物擊敗，而且桃太郎沒辦法找來更強的幫手嗎？

7 今昔物語集

平安時代後期日本規模最大的民間故事集，作者不詳，全書共三十一卷，其中收錄一千餘篇的故事，依照故事內容按部就班分為天竺（印度）、震旦（中國）、本朝佛法、本朝世俗四部，書名源自每篇故事開場白的「今昔」。

不過以如此陣容戰勝惡鬼的反差感就此在所有的孩子心裡留下深刻的印象。「打敗惡鬼的是猴子、雉雞、狗」，不是老虎，也不是熊，這就是桃太郎這個故事的原理。

仔細觀察十二地支的方位就會發現，「鬼門」位於東北（丑寅）的方位，與其正對的西南方位為「正位」，分別是的申（猴子）、酉（雞）、戌（狗）。

換言之，桃太郎這個故事是透過猴子、雞、狗展現對抗惡鬼的「正義」，若換成其他生肖，正當性都無法凌駕於這三者！

順帶一提，日本早期說到雞就是指雉雞（雉雞目前也是日本的國鳥）。

這也是「封印鬼門」的措施之一。

為了封印鬼門而在家裡種「桃樹」也是源自這個故事。

話說回來，為什麼桃太郎非得是「桃」呢？其實這是源自日本神話起點的「伊邪那岐與伊邪那美」[8]神話。自古以來，桃子就被認為是「神聖的果實」或「除魔的果實」（詳情請參考拙著《深讀古事記》）。

此外，故事裡的惡鬼通常是「長著兩隻角，穿著虎皮褲子」的造型，這也與鬼門位於「丑寅」（寅為老虎之意）方位有關。

● 8 伊邪那岐與伊邪那美

指的是日本神話裡的神祇，伊邪那岐為男神，伊邪那美為女神，是開天闢地之後，神代七代之末的神祇，兩神結為夫婦後，創造了日本國土與諸神。伊邪那美在產下火神迦具土之際難產而死，伊邪那岐為了救回妻子而前往黃泉之國（亡者之國），卻在見到容貌大變的妻子之後逃之夭夭，自覺受辱的伊邪那美也緊追在後，最後伊邪那岐便於凡間與黃泉之國邊界的黃泉比良坂與妻子訣別。從冥土返回地面的伊邪那美在為自己除穢淨化之際，產下天照大神、月讀尊、素戔嗚尊（須佐之男）這三位貴子。

桃太郎這個故事居然藏有如此謎團

桃太郎

也有說法認為桃太郎的原型為岡山縣吉備津神社（備中國一宮）的主神「吉備津彥」（第七代孝靈天皇的皇子，四道將軍之一），傳說他在平定吉備之際，擊敗了名為溫羅的惡鬼。順帶一提，日本的五大童話故事分別為《桃太郎》、《開花老爺爺》、《割舌頭的麻雀》、《猿蟹交戰》、《咔嚓咔嚓山》。

日本與中國的鬼的差異之處

有人一味恐懼鬼門，卻有人將其信奉為神。

這就是所謂的「金神信仰」。

日本信仰的特徵之一是因為「畏懼」所以「敬仰」，人民相信若虔誠祀奉作祟的神明，它們就會轉化為守護神。例如天神信仰是因滿腹怨恨而不斷在都城作祟的菅原道真憑著超凡的神威，讓多名位居高位的公卿猝死，但是隨著人們虔誠祭祀，其神威反而成為守護百姓的力量。

這類型的信仰也稱「御靈信仰」，是日本自古以來，於民間根深蒂固的信仰形式，日本全國各地的神社也多屬這個類型，換言之，就是**將滿腹怨恨的「怨靈」視為守護神**。但「敬畏」這項日本人的傳統美德唯獨對鬼門的恐懼不適用。

話說回來，回溯道教＝風水的創立時期也找不到任何「鬼門」就是「禁忌」或「凶位」的證據。

一說認為，中國對東北方位心存畏懼與歷史有關，但其實這是不對的，

9 匈奴

西元前四世紀到五世紀，以中央歐亞大陸為勢力範圍的遊牧民族。

10 天圓地方

古代中國的宇宙觀，認為天是圓形，地是方形，這種宇宙觀也常反映於中華文化圈的建物或裝飾，日本的前方後圓墳也是相同的概念。

11 黃泉比良坂

做為現世與死後世界（黃泉）分界線的坡道，也是前往黃泉之國的伊邪那岐與伊邪那美訣別之地。伊邪那岐見到面容腐爛的伊邪那美之後，便逃往黃泉比良坂，並在該地丟出桃樹的果實趕走追兵（桃子的魔力）。雖然伊邪那美最後也追到此處，卻

因為匈奴[9]是北方的遊牧民族，萬里長城也是為了抵禦來自北方的威脅而建，而不是為了抵抗來自東北方位的敵人。

其他也沒有需要對東北方位特別恐懼的理由。

鬼門這個說法是於[10]「天圓地方」這個基本的宇宙觀首次出現，[11]這時的鬼門是指**亡靈出入的場所，而不是威脅的所在方位**，等同日本的黃泉比良坂（黃泉之國的出入口）。

方形的大地有四個角落，每個角落各有一門，東北為鬼門，東南為風門，西南為人門，西北為天門，能通過這四個角落的門都位於對應的方位。

但這裡說的「鬼」，並非日本人熟知的鬼。

因為日本人心目中的鬼是穿著虎皮褲子，頭上長著兩支角的模樣。這種造型的鬼是於日本誕生的。「鬼」的概念雖然不斷變遷，但日本自古以來，就有將鬼當成「神」的告誡。

「鬼」的日文為「oni」，「神」則是「kami」，但在日文裡，來自中國的「鬼」的這個漢字不管在漢音、吳音還是晉音，都沒有對應的讀音。

鬼門的方位為丑寅，在八卦直稱為「艮」，而「艮」在日文的讀音為「gon」，與五行的「金」一致，因此才有「金神」這個稱呼。

一般認為，安倍晴明召喚的「金神」是歷來最強的陰神。

被伊邪那岐擺在黃泉比良坂的巨石擋住。為此發怒的伊邪那美誓言每日殺人一千，而伊邪那岐丟下每日產下一千五百個小孩的回應後，便掉頭離開黃泉比良坂。

● **12 教派神道**

於幕府末期興起，在明治時代被認同的教派，其中共有十四個神道宗教團體（神道大教、黑住教、神道修成派、神宮教、出雲大社教、扶桑教、實行教、神道大成教、神習教、御嶽教、神理教、禊教、金光教、天理教）。後因神宮教自立門戶為神宮奉贊會，減少為十三個宗教團體，也因此改稱神道十三派。

● **13 金光教**

道教或神道都沒有所謂的金神，直到流傳至民間，演變成所謂的俗習後，才在江戶成為最具代表性的曆法迷信之一。

金神是會四處遊走的，意味著祂不會停留在固定的方位。

金神七殺被視為是惡靈作祟，一旦犯忌，近親七人將遭受橫禍。

倒不如說祀奉金神的教派[12]神道因此而生。以金神為主神，將其視為教贖之神的是金光教[13]，將「鬼門（usitora）的金神」奉為重整世道的是大本教[14]。這個大本教的東京本部為東光苑東京宣教中心（東京都台東區），不知是何緣故，居然設址於江戶城鬼門的湯島。在周圍出現大樓群之前，看起來就位於湯島天神神社正下方。

經過漫長的歲月之後，風水與陰陽道都出現數不盡的迷信，也流傳至日本全國，導致人們對風水與陰陽道產生誤解與不信任，中國與日本的風水也陷入存亡危急之秋，這些都是不可否認的事實，但全盤否認風水也並非好事吧。

人類在漫長的歷史之中催生出無數的思想與哲學，而這些思想與哲學的世界觀、宇宙觀又是何其豐富，說得可笑一點，甚至是多到「任君挑選」的地步。

一八五九年，於川手文治郎於岡山縣開宗的宗教，與黑住教、天理教同為江戶時代末期興起的幕末三大新宗教，主神為天地金乃神與教祖金光大神。信仰核心為人神互助共生，教徒為參拜者與神明之間的「仲介」，負責將參拜者的願望傳給神明，以及將神明的意志傳遞給參拜者。

●14 大本教

一八九二年由出口直創立，將國常立尊視為「艮之金神」的新興神道宗教。大本教以神靈附身教祖出口直為始，後續由其入贅女婿出口王仁三郎組織教團。曾以出口直的「降筆」（無意識的自動性書寫）宣揚艮之金神的只是沒有一種能讓全人類傾心，只要是具有理性的人類，應該都知道至今仍未出現最終版的世界觀，也知道目前沒有任何一種世界觀能得到所有人的認同。

或許這是人類尚未成熟的證據，抑或人類就只是這種程度的生物，只是我們還無法得出這個問題的答案。

但另一項事實是，我們從中發現許多「真理」。

任誰都無法否定**合乎陰陽五行的天地運行之道絕非「偶然」。**我個人認為整合至今的邏輯體系已無限逼近所謂的真理。

除了西洋的黃金比例與斐波那契數列，東洋也有陰陽五行，我認為這個陰陽五行正是能闡明世界、宇宙原理的「原理」，也是科學的核心。

所以我們不該全盤否定或接受這個原理，而是該在繁雜的各體系之間穿針引線，讓各體系的原理彼此串連，藉此排除所謂的迷信。這是為了日後風水的發展，也是為了避免自古傳承的智慧被遺忘，當然，這也是我們的義務。是的，這不僅是「人類的智慧」，更是「諸神的智慮」。

當初若無人相信鬼門信仰，如今也不會有延曆寺與神田明神的存在。

治世之道，並以打造「彌勒之世」這個理想世界為教義，教團也因此盛極一時，但日後卻被日本政府視為危險份子而遭受鎮壓。

富士見坂與富士講

江戶時代3

富士山守護的關東平原

江戶子與富士山

東京到處可見帶有「富士」一詞的地名。例如富士見坂、富士見丘、富士塚，說是「在東京都每走兩三步，就會碰見富士」也不為過。話說回來，專賣西式甜點的「不二家」也是這樣吧。其中特別多的是富士見坂，就地圖確認，目前似乎有二十三處（文京區五處、港區四處、千代田區三處，以及其他區域），聽聞這個數字在江戶時代是好幾倍，還真是叫人吃驚。

在此為大家列出我個人的東京富士見坂十選，說不定您也曾經路過其中幾處。

▼富士見坂　文京區本鄉2丁目
▼御殿坂（富士見坂）文京區白山2丁目與3丁目之間
▼富士見坂　港區芝公園4丁目
▼富士見坂　千代田區永田町2丁目與紀尾井町之間
▼富士見坂　千代田區富士見2丁目與九段北3丁目之間

▼宮益坂（舊稱富士見坂）澀谷區澀谷2丁目
▼南郭坂（富士見坂）澀谷區東2丁目與3丁目之間
▼目黑富士見坂　目黑區目黑1丁目
▼富士見坂　目黑區青葉台4丁目
▼富士見坂　大田區田園調布1丁目

〈新世界「下町」的誕生〉一章曾介紹江戶的名產，其中非得列入的名產當然是以「富士見坂」為首的各種「富士」，如此一來，說不定能在數量上與「伊勢屋」匹敵。

不過仔細一想就會明白，東京本是坡道眾多的城鎮，江戶時代也還沒有摩天大樓，所以不管從哪個角落，應該都可以看到富士山吧（順帶一提，在此列出的富士見坂十選只是坂道的順位。不管是哪個坂道，不爬上附近的大樓，就無法遠眺富士山。因為再怎麼說，這些坂道都位於東京都之內！）

別說每天遠眺富士山的江戶子會愛上富士山的美麗，就連初次造訪江戶的人，想必對富士山也是印象深刻。

在葛飾北齋的名畫系列之中，有許多都是以富士山為背景所描繪的江戶諸景，包括揚名世界的〈富嶽百景〉與〈富嶽三十六景〉。知名的浮世繪繪師歌川廣重與其他畫家也常於江戶風景畫的遠景放入富士山，尤其〈名所江戶百景〉、〈不二三十六景〉這些出自廣重之手的畫作，更是露骨地模仿北齋。這兩個系列在當時也非常受歡迎。

富士山就是如此受到江戶子的喜愛。**大江戶八百八町是朝夕向富士山打招呼的城鎮**，無怪乎便於遠眺富士山的場所都被冠上富士之名。

我家附近也有許多「富士」，其中以日暮里富士見坂最為有名。或許是位於谷中與千駄木的中間點，近年來有不少外國觀光客因為「谷根千巡禮」的行程來訪，也讓日暮里富士見坂成為知名的觀光地（為了促進觀光，街燈與路面的裝飾也都以富士山為雛型）。

一五七頁的照片是在早晨拍的，所以沒什麼人，但是到了白天，可是連平日都熙來攘往的街道。這條坡道的左右兩側是墓地，除了遠眺富士山，應該不會特別來這裡觀光。

順帶一提，若在一月三十日或十一月十一日這兩個時間站在這條坡道的上方，就能看到陽光落在富士山頂，瑞氣萬千的鑽石富士山。只要天氣尚佳，爬上照片最深處的頂端回頭望，應該就能看得到（二十年前，這裡都是富士見坂首選，但隨著大樓陸續竄起，現在只能從大樓之間的縫隙窺見

日暮里富士見坂

日暮里富士見坂位於荒川區西日暮里三丁目。照片是從坂道下方往上望的景色，坡道上方有這一帶的氏子的諏方神社。

富士山）。

光是聽到這裡，應該不難想像東京與富士山的淵源之深，但其實兩者的關係可不是三言兩語就能說得清楚。說得極端一點，**正是因為有富士山，東京才會存在**。

先前提過，最早在此地設立據點的是江戶一族，後續的武士、政治家也紛紛以同一處為勢力範圍中心。這個地點就是江戶城。

就連到了明治時代，新時代的政治家也將此地選為首都，甚至天皇陛下也移駕於此，可見其中必有隱情。

一如前述，**自藤原京開始，日本的首都皆以風水勘定。**

平安京（京都）應該是集風水大成之地，所以歷經千年一直是首都。然後，卻突然遷都東京（遷都之後，「江戶」改名為「東京」，意味著「東方的京城！」）。京都人怎麼可能沉得住氣，至今仍有不少人聲稱「京都才是京城」。之所以不正式公告遷都，似乎也是基於這個緣故。

我個人贊成皇室回歸京都的御所。

但首都的政治、經濟功能應該是無法移轉的才對。我一直認為國家大典可於現在的東京皇居舉辦，祭禮則在京都的御所舉辦，我也想平常穿著平安時代的服裝上街，肯定比洋服更加好看。再怎麼說，兩地的基礎完全不同，京都可是長達一千三百年，都是公家居住的城鎮啊。

反觀東京一開始是武家的城鎮，江戶時代的武家就是公務員，簡單來說，武家就是中央官廳官僚的前身。

話說回來，從很早已前就有人呼籲省廳移轉，但只有消費者廳以實驗性質的方式，將部分的行政機能轉移至德島縣，但光是如此，就在官僚之間掀起滔天大浪般的反對聲浪，所以其他政府機關的功能也無法移轉。看來連官僚也很喜歡東京吧。

這是因為東京才看得到富士山嗎？一如用日文輸入「富士見坂」可轉換成「不死身坂」這幾個字，官僚心中說不定都有不死之身的願望，而東京也肯定是「永恆不死」的都市啊！

敬畏之山・富士山的大眾化

江戶是一個為了導入富士山特別能量，窮盡陰陽祕術打造的城鎮，這點也在之前的〈「江戶風水」趨於完臻〉一章說明，自古以來，富士山就是日本第一的信仰對象。

日本人早從繩文時代就認為**神明會降於山巔（或是從山裡現身）**。再怎麼說，最高的山就是最接近上天的山，而且富士山又格外地美麗，獨立峰的存在也令它更加吸睛，所以會成為全日本人的信仰也沒什麼值得奇怪的。

不過山岳信仰（KANNABI信仰）往往帶有又敬又畏的精神，畏而敬之，敬而遠之才是所謂的信仰。

因為不管從哪個角度看，富士山都是令人畏懼的山。

前次火山爆發是於安政元年（一八五四），連帶發生了安政大地震[1]，再前次的寶永大噴火[2]則是於寶永四年（一七〇七）發生，對江戶人來說，這兩場火山爆發恐怕仍是記憶猶新。

一如本書開頭的介紹，江戶建於富士山的火山灰（關東壤土層）之上，這些火山灰也自古不斷沉積，所以就火山爆發的周期來看，**目前已進入隨時爆發都不奇怪的時期**。

浮世繪常以冒著煙的富士山為主題，富士山在江戶時代也還是活火山（如今是休眠的火山，但還不是死火山，我們仍不可對沉睡的富士山掉以輕心喲）。

● 1 安政大地震

於安政年間（一八五〇年代）在日本各地連續發生的大地震。一般是指安政二年（一八五五）發生的安政江戶地震，但有時也包含於前一年一八五四年發生的安政東海地震（南海海槽大地震）以及安政南海地震，若加上飛越地震、安政八戶沖地震、伊賀上野地震以及之後災情明顯的地震，就合稱為「安政的大地震」。地震次數共十三次，據說單是江戶的死者就多達一萬人。

● 2 寶永大噴火

這是與平安時代發生的「延曆大噴火（八〇〇年～八〇二年）」以及「貞觀大噴火（八六四

明明富士山是如此令人畏懼，卻在江戶時代興起「大眾化」的浪潮，也因為過於「流俗」，遲遲無法被列入世界自然遺產（雖然之後經過修正，被列入世界文化遺產！）。

其實富士山的大眾化浪潮早在江戶時代就已掀開序幕。

這股浪潮就是所謂的「富士講」。

日本人最喜歡的講社（信仰相同神佛的團體）都與信仰的山（山岳信仰）有關，最為知名的就是立山講、大山講、三峯講，特別是富士山，只在能遠眺富士山山頂的地區（見得到富士山的場所）才會出現這類團體。

即使富士山再怎麼高，也不可能日本各地都能看得到富士山，但日本全國各地卻有許多稱為○○富士的山。

例如北海道有利尻富士（利尻山）、九州鹿兒島有薩摩富士（開聞岳），明明在地理上與富士山相距甚遠，對富士山的憧憬卻遍佈日本南北。

富士講大熱潮

到底「富士講」是什麼東西呢？

年～八六六年）齊名的富士山三大爆發。爆發期間約持續兩週，關東一帶的農作物多因從天而降的火山灰受損，連距離一百公里的江戶也有火山灰堆積。

一如別稱的「淺間講」，富士講就是信仰富士山（以富士山為神體）的講社。所謂的講社，就像是組團參拜的「進香團」，信仰只佔一小部分，主要是娛樂性質。講社就像是對於虔誠信眾的獎勵。「富士講」以江戶一帶為主，在關東造成大流行。

據說富士講從戰國時代，於富士山山腳的人穴修行的角行[3]開始，後來由其弟子身祿發揚光大（身祿於富士山斷食、入定，其墓位於文京區向丘的海藏寺）。

到了江戶時代後期，講社拓展至「江戶八百八講、講中八萬人」的最大規模，幾乎每處城鎮都有講社。

雖然講社的數量多到成為一股強勁的勢力，卻與既成宗教毫無關係，純粹只是一種民間信仰。

地區社會的代參講與伊勢講或大山講同類，而富士山各處登山口為了招待他們，都設立了御師[4]的宿坊（類似客棧），御師也會前往各地佈道。

順帶一提，最盛時期，光是富士吉田口就有上百間的御師宿坊。之所以能有如此榮景，當然是江戶子在背後支撐。

富士講的另一處據點為河口湖町，此處北望河口湖，南有整片富士山山

3 角行

角行（一五四一～一六四六）。生為長崎武士之子，據聞於十八歲之際，成為修驗道的行者，一邊遊歷諸國，一邊修行。提倡富士之神的仙元大日（淺間之神的木花之佐久夜毘売）唯一真神的教義，並於關東地區的農村佈道。據傳，一〇五歲之際，於富士山麓的人穴入定。

4 御師

隸屬特定寺廟或神社，帶領香客前往參拜或安排香客住泊的人，有點像是現代的領隊。

駒込富士神社

這處神社的拜殿就在模仿富士山造型的富士塚上方。在曾經蔚為風潮的富士塚之中，這裡的富士塚是歷史最為悠久的一處。此處神社的主神為木花之佐久夜毘売。順帶一提，在新年當晚做的初夢中的（吉兆順序）「一富士、二鷹、三茄子」之富士是指此處神社的富士塚，其他兩項是因附近有鷹匠屋敷，而駒込茄子為此處名產而來，這三項也被視為當時的吉祥物，而被詠為「駒込有一富士二鷹三茄子」的川柳。

腳的平原，湖畔則有富士御室淺間神社[5]（位於現在的山梨縣南都留郡富士河口湖町）的里宮，所以這裡也是因江戶子的講社而繁榮的城鎮。

只有當時規模達全世界最大的巨大都市，才有可能全面撐起這股富士講的熱潮。

不過這股熱潮在明治時代之後急速冷卻，有部分以丸山教或扶桑教這類教派神道的教團延續，但講社本身已寥寥可數，御師的宿坊也只剩幾間。江戶子或東京子當然還是喜歡富士山，但這股熱情似乎從信仰轉換為觀光了。

此外，江戶子也會在居住地以溶岩打造模仿富士山的「富士塚」，做為當地的信仰據點，直到現在，都內與都外大概還留有一百處以上，其中有好幾處都成為富士神社，也是當地的信仰據點。

富士神社、淺間神社的主神為木花之佐久夜毘売[6]。

一般認為，木花之佐久夜毘売是於室町時代末期才成為這裡的主神，之前的主神莫名消失了。

此外，富士山（淺間明神）為女體山的傳說，以及富士神與三島神為父子的傳說也被認為是由此而來（參考井野邊茂雄《富士的歷史》）。換言之，

5 富士御室淺間神社

位於山梨縣南都留郡，主神為木花咲耶姬命。於西元六九九年創立，被認為是富士山最古老的神社。

6 木花之佐久夜毘売

木花之佐久夜毘売被天孫降臨的瓊瓊杵尊求婚後成為其妻。為了證明腹中之子為瓊瓊杵尊的小孩，放火燒產房，在火中生產。是海幸彥與山幸彥之母。木花之佐久夜毘売是大山津見神的女兒，其姐為磐長姐。三島神就是指大山津見神。

〈絹本著色富士曼荼羅圖〉

推測為室町時代的富士曼荼羅代表之作（日本的國家重要文化財產）。此曼荼羅圖的用意在於推廣富士山信仰，希望透過畫作宣揚富士信仰。

富士信仰整個改頭換面（原本是被稱為淺間神或富士大神的男性）。

從中世之後，這種「本地物」[7]的流行與散播讓富士信仰以不同的形式佛教化，形成百花盛開的局面。

這時候最流行的畫其實是「富士淺間曼荼羅」。雖然本質上與佛教信仰脫節，卻有不少成為美術名作，說來還真是有些諷刺，是在混沌的歷史錯開的鮮花。

富士講也是未能結果的鮮花。

富士山信仰在思想與哲學充滿了極度混亂，但凡每個時代的庶民信仰都是如此。

從江戶遠眺的富士山何其美麗，突然噴發又是何等驚恐，崇敬與恐懼表裏一體的信仰，充其量是種感覺。

建造以富士山為雛型的富士塚，並在一旁設立富士神社（淺間神社）之後，又不滿足地組成富士講，一群人朝富士山的山頂出發。

江戶的每個人，都是對富士山著魔的俘虜。

如此說來，葛飾北齋也是被富士山的魔力所俘虜的其中一人吧。

7 本地物

奠基於本地垂跡思想的讀物。源自鎌倉時代的神社、佛寺，高僧傳、室町時代的御伽草子、江戶時代的神社、佛寺的話本與讀本。本地垂跡是神佛為了拯救世人，會現身於世的思維。

江戶時代 4

家光完成的咒術大構想

日光東照宮與北極星守護的東京

日光東照宮之謎

「日光的東照宮真是美不勝收啊」

一如這句順口溜，日光是遠近馳名的觀光勝地，而且這句順口溜似乎起源於江戶。

我的故鄉雖是埼玉縣北部，但小學的畢業旅行卻是日光。東照宮與華嚴瀑布的風景，如今仍深深烙印在心裡。自古以來，華嚴瀑布就是名勝，但東照宮是為了祭祀德川家康才創建，所以歷史才短短四百年，在神社之中算是相對年輕的。

在此之前，很少聽說江戶人去日光遊玩，所以很可能是東照宮建好後，江戶人才大批湧入日光吧。知名五街道之一的杉木行道樹日光街道，也是在東照宮創建之後才修好。

關於江戶風水的設計者是誰，可說是眾說紛云，但一如前述，我認為是南光坊天海，而且有許多證據足以佐證，最強而有力的證據莫過於東照宮的創建。

家康死後，準備建造祭祀靈位的神社時，崇傳主張家康的神號應為「明神」，天海則主張「權現」。眾所周知，最終家康的神號為「東照大權現」，而且還遵照家康的遺言，從首葬之地的駿河久能山，將部分的遺骨運來日光。

一手操辦這些事情的是第三代將軍的家光。

自古以來，日光就被稱為二荒山，是二荒山神社的祖山（KANNABI）。此地原由勝道[1]開山，在此創建了輪王寺，但在勝道開山之前，**這裡早就是聖地，也是當地百姓的信仰對象。**

想必大家已經發現，「二荒山」的日文讀音之所以定為「NIKOU山」，便是源自「日光」（NIKKO）。

前來日光參拜的江戶百姓常把「日光二社一寺」掛在嘴邊，而這句話裡的二社一寺是指東照宮、二荒山神社、輪王寺，天海的墓則位於日光山輪王寺。沒錯，日光正是天海的靈地，換言之，天海是家康的守護神，為了永遠守護家康的靈位而坐鎮於此。

然而天海設計的江戶風水還另有用意。

那就是**富士山與日光的連結**，這個連結也稱為「不二之道」。

請大家看看一七一頁的圖，應該不難發現，東照宮與富士山的相對位置有些蹊蹺。

●1 勝道

勝道（七三五～八一七），於下野國（今櫪木縣）出生的僧人，是日光山的開山之祖。

若將久能山東照宮[2]與日光東照宮[3]連成直線，就會發現富士山山頂恰恰落在這條直線上，而且世良田東照宮[4]（德川家先祖之地）也落在這條直線上。由這些地點串起的直線稱為「不死之道」。

德川家康生前就知道這個設計，所以才留下遺命，讓自己的骸骨先於久能山埋葬，再於日光改葬。負責設計這套風水的，當然是天海僧正。這位天海在創建上野東叡山寬永寺之後的經歷雖然透明，但在此之前的經歷卻是謎霧重重（拙著《天眼　光秀風水奇譚》是描述天海謎樣前半生的歷史小說，有興趣的讀者請務必一讀）。

天海是基於地理、風水與陰陽道設計的這點，也體現在這條路的稱呼上。

「成為永遠守護江戶的神」。

為了上述的目的，這條路稱為「不死之道」，不死當然是指「永遠不死之人」，換言之，就是「神」的意思。

這也是久能山的靈魂經過富士山（不死山），前往日光之後，成為永遠不滅的神靈與守護神的思想。

這條線也與「龍脈」開端的「龍穴」連結。所謂「龍脈」指的是氣（龍氣）的通道，是地理風水的專有名詞。位於大地中心的山岳在地理風水稱為太祖山，朝四方往外綿延的山峰就像是一條條的盤龍，這也是被視為是氣的

2 久能山東照宮

位於靜岡縣靜岡市，主神為德川家康。於駿府度過晚年的家康在一六一六年辭世後，便依其遺命葬於此地。隔年一六一七年，第二代將軍秀忠建造了東照社（現在的久能山東照宮）的社殿。

3 日光東照宮

位於櫪木縣日光市，主神為德川家康，相殿則祭祀豐臣秀吉與源賴朝。家康辭世隔年，便從久能山改葬於此，後續又於一六三四～一六三六年，由第三代將軍家光興建現在的日光東照宮，目前已被納為世界文化遺產。

4 世良田東照宮

位於群馬縣太田市，主神為德川家康。一六四四

不死（不二）之道

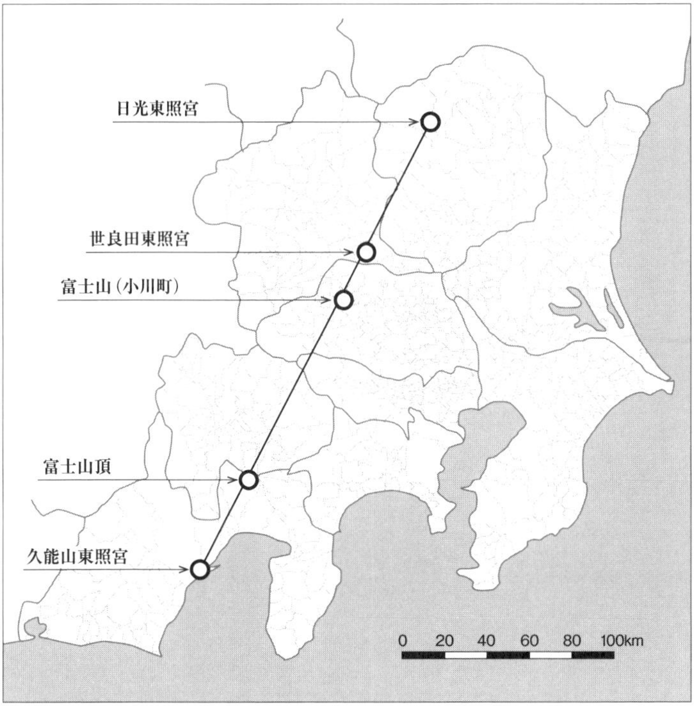

這是家康埋骨之處的久能山東照宮與日光東照宮連成的直路。從這張圖可看出熟知風水之術的天海到底打著什麼算盤。

通道的原因。

這些氣一湧而上的地點（能量聖地）就稱為「龍穴」。各地的東照宮都建於大小不一的龍穴之上，其中又以日光的龍穴特別強勁。

將「不死之道」解讀為龍脈與龍穴的是日本的風水＝陰陽道自有的解釋，也可能是天海獨門的見解。天海不僅根據陰陽道設計江戶的城鎮，最後還偷偷地設計了這樣的機關。就連「東照」這個名稱也是與天照大御神的「大照」對應，而且這個名稱還是出自天海之手，**從天照的日文讀音為amaterasu與東照的日文讀音為「azumaterasu」**這點便可看出天海的用意。

光秀、家康、天海之間的奇妙連結

關於東照宮，勝海舟曾如此巧妙地形容：

「不管是久能山，抑或日光，世上的人都只看作德川一族的祖廟，但其實那裡供奉了信長、秀吉與家康三個人的靈位。（中略）如此一來，即使是織田或豐臣的遺臣，也自然心向德川」（節錄自《冰川清話》）

這的確是饒富趣味的說法，但只有久能山東照宮的部分與勝海舟所言完全一致，於日光與秀吉一同合祀的是賴朝，而非信長。不過兩處神社都祭

年，由第三代將軍家光下令，在德川之祖世良田義季（新田義重的四男）的墓地，又曾是天海擔任住持的長樂寺境內創建。這裡被認為是新田祖先新田義重（源義家之孫）的居館遺跡，進入關東的德川自稱是新田末裔的世良田（得川），所以這裡也被認為是與德川一族淵源極深之地。

祀秀吉這點則與勝海舟的說法相符，都具有重大的政策意義。

日本全國目前共有六十幾處「東照宮」（明治之前超過五百處），位於所有東照宮頂點的是久能山東照宮與日光東照宮，這是因為再怎麼說，久能山都是家康遺骨首葬之處，日光則是改葬與永眠之處。

相對於其他的東照宮都是由這兩處神社分靈，這兩處神社具有家康葬骨之地的特殊意義。

世良田東照宮則因為是德川先祖的故鄉，所以另有特別之處。

順帶一提，距離久能山東照宮正西方一百公里之處有座岡崎城，而這座城正是眾所周知的家康誕生地。

更巧的是，不管是誕生地還是墓地，都位於緯度34度57分之處！應該沒有人會以為這是偶然吧？兩地之所以緯度相同，全是基於陰陽道的相地法選定。

若從岡崎往正西方走一百公里，就會抵達龜岡市，那裡有座龜山城（緯度35度00分），這座城早先也是明智光秀的居城。

龜山城、岡崎城、久能山東照宮，由這三地連成的東西橫線，究竟有何暗示？除了讓我覺得**光秀、家康、天海這三人之間有什麼「特別的連結」**

之外，我實在想不到別的。

光秀是眾所周知的築城高手，也是日本首座天守閣的設計師（長濱城）。據說他除了通曉築城所需的陰陽之術，也上通天文，下知地理，集其智慧結晶之作就是龜山城。這裡是不像長濱，是受封的土地，而是光秀主動要求的土地。

順帶一提，這座龜山城在大正時代被新興宗教教團大本教買下，目前也是大本教的本部。一如所見，「大本」這兩個字的筆畫分別為三畫與五畫，一般認為這是出口王仁三郎[5]根據緯度所命名。

再者，位於不死之道中途的小川富士（正式名稱為「富士山」）位於埼玉縣小川町，標高為一八三公尺，山頂有座「富士仙元大菩薩」的石碑。這座石碑至少該是第三代，因為旁邊立有舊石碑。就我個人推測，這座石碑有可能是江戶時代中期，由富士講的信徒所命名。

東京的五色不動尊

東京有「高級地段」的風水基準。盡管有少數人知道，但仍是非公開的

5 出口王仁三郎

出口王仁三郎（一八七一～一九四八）。大本教教祖之一，生於京都府龜岡市。原是農家長男的他換過幾個工作之後，便入贅出口家，成為大本教教祖出口直之女，澄子的夫婿，改名為出口王仁三郎，協助出口直發展教務。歷經兩次鎮壓後，入獄七年左右，戰後，以愛善苑之名重振教團。

祕密，如今就為大家解密。

若說東京的知名高級住宅區，那當然會先想到東京的目白與目黑。目白因為有日本前首相田中的大宅邸與貴族大學學習院而知名。目黑在東京二十三區之中算是面積略大的一區，面積從東大駒場一直延伸至自由之丘，是東京屈指可數的高級住宅區。目白與目黑……將兩個區名排在一起後，可發現白與黑是互相呼應的，本書的讀者或許已經察覺箇中蹊蹺。

基於風水的五行思想，東京設有五色的不動尊[6]，分別為目白不動尊、目黑不動尊、目赤不動尊、目青不動尊、目黃不動尊，合稱五色不動尊。

五色不動尊的名字與眼睛的顏色無關，只是稱呼如此，但也不能隨便自稱是五色不動尊。江戶、東京另有許多供奉不動尊的寺廟與神社，所以若是隨意自稱為五色不動尊，五色不動尊肯定越來越多，但是當然不會發生這種事。

要自稱為五色不動尊，必須要得到「認證」。

這些供奉不動尊的寺廟與神社，大致上會有兩點共通之處，其一是由第三代將軍德川家光指定，其二是密教寺院（天台宗與真言宗）。

從這兩點來看，都不難察覺悄然浮現家光的監護人——天台密教僧天海

6 不動尊

不動明王的尊稱。不動明王是密教的明王，也被認為是密教主神大日如來的化身，能壓制一切罪惡與煩惱，拯救蒼生。面相為忿怒相，右手拿著斬惡之劍，左手拿著救濟繩，背後則是火炎。

的影子。

五色不動尊的所在位置雖與五色＝五行的方位不一致（青＝東、赤＝南、黃＝中、白＝西、黑＝北），卻因其他的理由被定位為能量聖地。江戶的城鎮本來就呈特殊的螺旋狀，街道的排列組合並非京都或奈良的方形，而五色不動尊就位於這個螺旋之上。

首先要提的是目黑不動尊。目黑不動尊的周遭是氣從富士山流往東京的通道。江戶、東京的祖山為富士山，其氣流之前，在經過丹澤的龍脈之後直入江戶，目黑也因此受惠，成為極盡繁華的區域，這裡也是最早被指定的五色不動尊。

目白不動尊原本位於文京區關口，鄰接椿山莊與四季飯店的東南側。不過後來因為戰爭爆發，而遷至學習院的東側，洋溢著平靜沉穩的美好氣氛。

目赤不動尊位於文京區本駒込。町內雖有大寺院吉祥寺[7]與都立駒込醫院，但還是以六義園[8]最為人欣羨，受其氣之惠，六義園南側有文京Green Court（前理化學研究所）、日本醫師會與東洋文庫比肩而立。

六義園西側則是大和鄉，這裡從明治時代就是廣為人知的超高級住宅區。

目青不動尊則如一七九頁所述，經過三次遷址。

江戶時代位於麻布谷町，到了現代改建為六本木Hills。到了明治時代，

●7 吉祥寺

太田道灌於建造江戶城之際，在挖水井的時候挖出刻有「吉祥增上」的印章，便於現代和田倉門附近建造了「吉祥庵」，據說這就是吉祥寺的起源。等到德川家康於關東開設幕府，吉祥寺便移至駿河台，後來因明曆大火遷至現址。明曆大火令吉祥寺的門前町付之一炬，失去住處的門前町居民便移居至五日市街旁的現址，也於該地開墾，這就是武藏野市吉祥寺這個地名的由來。

●8 六義園

六義園原是諸侯的庭園，是德川五代將軍綱吉的側用人柳澤吉保為自己打造的下屋敷。綱吉接收

則遷至南青山，現在則是世田谷區太子堂（三軒茶屋）。這兩處都是富士山龍脈的通道（經絡）。

此外，目青不動尊還有其他候選地區，其一是藥研堀不動尊（中央區東日本橋），這也是知名的江戶三大不動尊[9]之一。

另一個候選地區是深川不動尊（江東區富岡），雖然現在已是成田山新勝寺的東京別院，但原本是富岡八幡的別當寺[10]永代寺。門前仲町的門前就是指這個永代寺的門前。

目黃不動尊則依舊未知，只知道為了湊齊「五色」，而在明治之後出現數處。

一七九頁的表格雖然記載目黃不動尊位於台東區三之輪，但也有記錄指出，淺草寺的勝藏院不動堂曾自稱目黃不動尊（有可能是從明曆不動尊的諧音而來）。

雖然上述三處的緣由不明，卻在風水上有共通之處，那就是這三處都不是龍穴。

以下是我的假設。從「黃色＝中心」的五行來看，目黃不動尊應該位於江戶中心點的江戶城境內，理論上，江戶城的「本丸（主城）」是安置目黃不動尊的最佳地點。

加賀藩的舊下屋敷遺址之後，耗費七年，將遺址打造成迴遊式築山泉水庭園。「六義園」之名源自紀貫之在《古今和歌集》的序文所寫的「六義」，此六義又源自代表和歌六個基調的詞彙。

●9 江戶三大不動尊

分別是目黑不動尊（目黑區）、目白不動尊（豐島區）與藥研堀不動尊（中央區）。

●10 別當寺

管理神社的寺。以佛式舉行神前讀經這類典禮，典禮主辦人被稱為別當（社僧之長），有別當的寺則稱為別當寺。神宮寺、神護寺、宮寺這些名稱與別當寺的意義相同。從神佛習合的時代開始到明治如果我的假設屬實，那麼左頁表格裡的江戶時代的記載，應該從「無」改成「江戶城本丸」才對。

能量聖地、龍穴

在風水的世界裡，龍穴周遭的地區稱為明堂，有絕佳地點的意思，原本是適合設置政治據點的場所，後來也變成適合設置企業總公司或學校的場所。若以皇居為中心，東京的南邊、西邊與北邊都有這類絕佳地點（東邊沒有，因為是海埔新生地）。

住在龍穴周邊可增強生命力，也容易產下男孩，教育或文化容易於此誕生，企業也會湧現更強的活力。

「五色不動」原本就設置於龍脈上的龍穴。

原本的龍穴有可能會移動，也可能因為地理變化導致自古以來的龍穴消失，抑或因為後世的社會情況而轉移，但轉移之處也可能另有龍穴。

但無論是新或舊的龍穴，其所在之地都是絕佳場所，這點是不變的，請大家看看次頁比較表所記載的現在地點，每一處都是東京的首善之處。這不可能是偶然促成，而是人類必然尋求這類地區。

維新為止，神社的最高權力者就是別當，宮司則受別當管轄。

五色不動比較表

<table>
<tr><th>五色不動</th><th>江戶</th><th>明治</th><th>現代</th></tr>
<tr><td rowspan="2">目黑不動尊</td><td colspan="3">目黑區下目黑三丁目
天台宗瀧泉寺（寬永寺的末寺）</td></tr>
<tr><td colspan="3">目黑區下目黑</td></tr>
<tr><td rowspan="2">目白不動尊</td><td colspan="2">文京區關口二丁目（真言宗新長谷寺）
於昭和20年5月被戰火燒毀</td><td>豐島區高田二丁目
（真言宗金乘院慈眼寺）</td></tr>
<tr><td colspan="2">椿山莊的東側</td><td>學習院東側</td></tr>
<tr><td rowspan="2">目赤不動尊</td><td colspan="2">文京區本駒込四丁目
不動堂</td><td>文京區本駒込一丁目
天台宗東朝院南谷寺</td></tr>
<tr><td colspan="2">動坂上＝都立駒込醫院的東側</td><td>吉祥寺的西側</td></tr>
<tr><td rowspan="2">目青不動尊</td><td>麻布谷町
觀行寺</td><td>青山南町
教學院</td><td>世田谷區太子堂
天台宗最勝寺 教學院</td></tr>
<tr><td>六本木Hills</td><td>港區南青山二丁目＝青山靈園</td><td>三軒茶屋＝昭和女子大學西側</td></tr>
<tr><td rowspan="2">目黃不動尊</td><td rowspan="2">無</td><td>墨田區東駒形
天台宗 東榮寺</td><td>江戶川區平井
天台宗 最勝寺</td></tr>
<tr><td colspan="2">台東區三之輪 天台宗 永久寺</td></tr>
</table>

從表格可以發現東京的高級地段就是這些不動尊的周遭地區。不動尊原本就位於龍穴，一般認為，龍穴周邊的生命力會增強，不動尊就建於龍穴這種能量聖地。如果很難根據現代的地形地物找出東京的能量聖地，不妨調出江戶時代的行政區域圖，應該就能很快找到。

不過，不動尊的坐落之處（＝中心點）不適合做為一般人的住處，因為說到底，不動尊是為了「鎮護」該地，這跟神社或寺院不適合當住處的道理是一樣的。

中心點周圍的地區才是適合居住的地點，例如目黑區中目黑、文京區目白台、文京區本駒込、世田谷區三軒茶屋這些高級地段。

從上述這些地段看來，東京的優質不動產果然就是有不動尊的地段！

容我重述一次，選定五色不動的是家光。將家康遷葬至日光，建造日光東照宮的也是家光。

這座日光東照宮被打造成可在本殿正上方眺望北極星的形式，換言之，就是為了拜望北極星才興建。只要將鳥居、陽明門與本殿的中心串連，就能看到北極星（北辰）於末端之處浮現。

若往反方的南邊直行，就會看到江戶城。這些都是家光擲下嚴令建造的建築物。看來一開始建造這些建築物的想法來自家康，而家光則繼承了家康的想法。天海辭世之際，決定將天海葬於日光的也是家光。

換言之，我們可說**江戶風水始於家康而完成於家光**吧。

東京時代1 明治

鹿鳴館的魔術

喬賽亞・康德設計的洋風文化

建築史的轉捩點

鹿鳴館[1]，這個名字充滿魅惑感的西式建築解體是在昭和十五年（一九四〇），沒想到是這麼近的事情吧。三島由紀夫所寫的戲曲《鹿鳴館》不僅曾以舞台戲的方式呈現，就連電影與電視也上演過無數次，這都讓鹿鳴館成為傳說中的建築物，只可惜鹿鳴館只留存至昭和年間。

其實直到現在，都還有一些屬於鹿鳴館的歷史碎片殘留（樓梯與壁紙於東京大學工學部建築學科保存，吊燈則移至江戶川區的燈明寺）。

鹿鳴館原本坐落於皇居的正對面，現今帝國飯店的隔壁（前大和生命大樓）。

雖然往日英姿如今只能透過照片回味，但當時的人對於這座如旱地拔蔥，突然出現的宏偉西式建築有多麼驚訝，應該不難想像吧。

再怎麼說，那可是明治十六年（一八八三）的事啊，周圍還是江戶町的風景，唯一映入眼簾的建築物就只有神社、佛閣與吉原的大店。盡管當時還有部分燒毀的江戶城，但外觀仍不脫木造屋瓦的建築樣式。

鹿鳴館彷佛正面迎向江戶城般，坐落於日比谷這塊地區，也揭開了那知名的「鹿鳴館時代」的序幕。

1 鹿鳴館
鹿鳴館一名由中井弘所取，源自《詩經》的鹿鳴詩「鹿鳴，燕群臣嘉賓也」。

鹿鳴館

建築物的構造為磚造二樓式建築，一樓為大食堂、聊天室、書籍室，二樓為舞蹈室，若拆掉三間舞蹈室的隔間，就是一處面積高達百坪的房間，其中甚至還有酒吧與撞球室。建築家谷口吉郎在山手線列車中見到準備被拆解的鹿鳴館後感到不捨，而成了日後創設「博物館明治村」的契機。*這張照片取自「東京景色寫真版」。

自此，有無數的舞會或園遊會不分日夜在這裡舉辦，近代日本也瞬間踏上急速西方化的道路。

建造鹿鳴館，以便於晚宴接待外國賓客的想法源自當時的外務卿井上馨[2]，其用意是為了促進不平等條約的修訂，他心想，若外觀洋化或許就能與各國平起平坐，但這一切只是很膚淺的論調。

最終，鹿鳴館並未達成最初的目的，但肯定是明治時期日本急速西化的導火線。短短四年的營運便在人們心中留下深刻的印象，成為日本文化史、建築史的重要轉捩點。

這座猶如紀念碑的西式建築是由喬賽亞・康德[3]（Josiah Conder）這位英國建築家設計。或許各位讀者不太知道康德是何等人物，不過我們早已司空見慣的西式住宅都是由他開始。藤森照信（建築史學者）甚至形容「明治的東京是由康德一手打造」。

既然康德的評價如此之高，就讓我們一起看看他的主要作品，就算只看現存的作品，也一定讓人驚呼連連。

▼古河虎之助男爵邸（前　古河庭園、現　大谷美術館／北區西原）

▼綱町三井俱樂部（港區三田）

2 井上馨

井上馨（一八三六～一九一五）。生於長州藩武士之家。幕末時期，受長州藩之命，做為「長州五傑」之一，與伊藤博文一同私渡英國與留學。回國後，與木戶孝允一同為了薩長連合奔波，進入維新時期後，進入新政府擔任外交與財政要職，後續擔任伊藤內閣的外相、內相與藏相。

3 喬賽亞・康德

喬賽亞・康德（一八五二～一九二〇），英國建築家。是明治時代由政府聘雇的外國人之一，著手設計與新政府相關的建築物，也曾於工部大學校（現・東京大學工學部）擔任教授，作育多

喬賽亞·康德像

東京大學工學部的庭園立有康德的銅像。這座銅像是於康德死後三年的1923年建立。歌誦康德偉業的銘版寫道「奠定我國建築學根基，功勳卓著」。東京大學境內留有許多偉人的銅像，邊走邊欣賞也是件很開心的事。

▼復活大教堂（千代田區神田駿河台）
▼岩崎久彌茅町本邸（前・岩崎庭園／台東區池之端）
▼岩崎彌之助高輪邸（現・三菱開東閣／港區高輪）
▼島津侯爵邸（現・清泉女子大學本館／品川區東五反田）

上述建築物皆被指定為重要文化財。

若連同其他不復存在的作品一起計算，例如鹿鳴館、帝室博物館（現・東京國立博物館／上野）、丸之內的商辦區、三菱一號館等，數量則在七十棟以上。

更重要的是，康德一邊設計這些建築物，一邊作育日本建築家。其實康德打從一開始，就是應明治政府之聘，擔任工部大學校（現稱東大工學部）的教授，也就是所謂的「御雇外國人」之一。

自明治十年（一八七七年）開始的八年內，他是唯一的建築學教授，一直在剛成立的大學授課，成為後代日本建築家的啟蒙老師。他唯一的期盼就是自己的學生能大放異彩，也在這點做出莫大的貢獻，現代所有的偉大日本建築家可說是深受其惠。

位日本建築家，為明治時期之後的日本建築界奠定基礎。娶日本人為妻，熱愛日本文化的他最後於日本走完一生。

辰野金吾＝東京車站、日本銀行總店或其他
片山東熊＝赤坂離宮、京都國立博物館、奈良國立博物館或其他
曾禰達藏＝慶應圖書館、神戶三菱或其他

其他像是河合浩藏、瀧大吉、妻木賴黃，這些明治時期的知名建築家都曾師承康德，而且他們的作品都保留至現代，所以現代人對他們應該不陌生。

從現代建築的大師多是這些建築家的直傳弟子來看，康德的重要性不可謂之不大。

康德那些建在咒術點上的建築物

康德的弟子有的繼續留學，有的自行磨練，分別發展出獨特的建築觀，但康德的獨創性卻有一些不可思議之處。

現代的日本住宅常被形容成「和洋折衷」，其中的「洋」，在建築史上的定位相當曖昧。

西式建築的風格其實非常多，而且都是獨樹一幟，例如歌德式建築、都鐸式建築、文藝復興建築、巴洛克式建築，這些建築風格也都是「具體可見的歷史」。

唯獨康德的建築有著獨特的折衷風格。

康德的建築風格當然有其出身地英國的色彩，但最為顯著的特徵莫過於「印度伊斯蘭」風格。這是他在反覆思考何為「最適合日本的西式建築」之後得到的結論。

如此不可思議的折衷思想，不拘泥於日本的傳統建築樣式，**也不侷限於特定的風格，這或許是因為康德深知日本人是吸收各界知識**，再加以融會貫通的民族。

早在明治之前，日本就已不斷吸收外來建築技術，例如唐朝或朝鮮的佛教建築就是其中之一，但現代為人熟悉的建築絕對是明治時期之後的西式建築。一如「框組壁工法」[4]這個名詞已完全進入生活，沒有半點西式建築風格的住宅反成少數中的少數（或說沒有和室的住宅已超過半數）。

不過這些都不是純粹的風格，都是吸收加拿大、北歐或早期美國殖民地時期的風格，再加以改良之後的風格。

4 框組壁工法

木造結構的工法之一，下框、直框、上框這些主要部分都是以2英吋×4英吋的建材組成，所以又稱2×4工法。原型為十九世紀北美開墾者自蓋的簡易小屋，後來於美國全境普及，在歐美也是木構屋的標準工法，一九七四年，由三井Home引進日本後，這類建築便如雨後春筍般增加。

或許是康德察覺日本人特性越來越圓融，才催生出新的鹿鳴館。

順帶一提，我的住處雖然是名為公寓的水泥式建築，但還是得在玄關脫鞋才能走進室內。

這部分是日本特有的風俗，歐美一帶並無脫鞋再進屋的習慣，換言之，只有日本的房屋構造設計是以脫鞋為前提（現在的飯店或醫院雖然可以穿著鞋子走進去，但在我小時候，這些地方都還是得脫鞋才能進去）。

接著換個話題吧。由康德著手建造的西式建築坐落於上野山、本鄉台、駿河台、丸之內、日比谷、御殿山，這些地方從江戶時代開始，都是風水重鎮＝咒術點，德川一族在這裡建造大宅，因此拿下整個江戶。

熟知這段事實的岩倉具視[5]傳授倒幕派（明治新政府軍）風水戰略，具體內容就是放火燒毀江戶與佔領這些風水重鎮。

這就是明治新政府準備打造最強首都的證據，只有被徹底破壞成廢墟的江戶，才能是實施這項計畫的最佳舞台，因為如此一來，才能在任何地點建造任何建築物。

拿下這些風水重鎮後，明治政府也取德川而代之，立即成為東京之主。

其實背後的黑手是三井、三菱這些財閥，康德或許是這些財閥統治日本的一顆棋子（或是共犯）。

5 岩倉具視

岩倉具視（一八二五～一八八三）生於公卿堀川家，後來成為岩倉家的養子。曾提倡公武合體與推動和宮降嫁，後與大久保利通一同策劃王政復古，成為明治新政府的要角，也擔任參與、大納言這類職位，一手推動廢藩置縣的政策。曾為修正條約以及視察歐美擔任特命全權大使，前往外國巡迴（岩倉使節團），也為明治憲法的制定盡上一己之力。

我們不知道這位英國建築家對風水有多了解，但來到日本之後，應該有不少見識的機會。康德也畫浮世繪，也師承河鍋曉齋[6]，自號曉英。身為建築師的他，應該常有機會接觸風水地圖。

江戶城總攻擊在西鄉與勝海舟的會談後停止，江戶也免於淪為焦土的命運，但最終還是因彰義隊[7]的上野戰爭變得殘破不堪。

從愛宕山遠眺化為焦土的江戶，想必是一望無遺，也是最適合實施都市計畫的狀態。

鐵道與馬路築起的新風水系統

如同先前介紹過的，對數螺旋的水路是江戶日益繁榮的基礎。

可惜的是，現代的東京早已不是螺旋狀，原本的水路也被填得肝腸寸斷，除了皇居周圍的水路，其他都被填成一塊塊的蓄水池。

「內堀」與「外堀」之所以會在現代成為固定的說法，或許也是因為水路被填平的原因，即使攤開東京都內的地圖也很難看出所謂的「螺旋水路」。

或許東京就是因為失去了「螺旋水路」，體質才越來越虛弱。

不過從各個角度來看，現代的東京已臻高度發展，其背後有什麼比風水

6 河鍋曉齋

河鍋曉齋（一八三一～一八八九）生於茨城縣古河市，是一名浮世繪師與日本畫家。反骨精神的他留下許多戲畫與諷刺畫。師承狩野派的他在吸收其他流派的概念與畫風後自稱「畫鬼」。與康德深入交流後，便贈予康德「曉英」這個名號，以示康德為英國的曉齋。據說最後是扶著康德的手離世。

7 彰義隊

一八六八年，為了保護德川慶喜以及巡邏江戶，由舊幕臣組成的團隊。江戶開城後仍頑強抵抗的他們於寬永寺確立輪王寺宮能久親王，並盤踞於上野一帶，但最終仍不敵明治新政府的全力進攻而瓦解

更強的助力嗎？

答案就是代替水路的「鐵道」與「馬路」。在過去，水路是都市能否正常運作的重要關鍵，尤其在江戶與大阪，水路都是幹道，承平時期是經濟活動的動脈，戰時則轉換成防衛線。

只是隨著時代的急遽變遷，水路承擔的任務也為之驟變。

發達的鐵道取代了水路運送物質的功能，急速發展的馬路與各種車輛也讓水路陷入無用武之地。這跟利用水路的主體也有關聯，水路是德川幕府壯大的關鍵，但對明治政府（尤其是財閥）而言，德川的水路不足以應付日後的發展。

當水路本身的存在意義變的稀薄，風水上的意義也不再重要。這就是人工設施的宿命。

不管人類社會如何演變，基本上大自然原有的「四神」不會被影響，但為了形塑四神相應的風水所建造的人工設施，當然會隨著環境改變而失去原有的用意。

例如京都的鴨川也是隨著時代與社會的變遷，而失去風水的意義。鴨川原是為了符合時代需求才打造的「青龍」，但隨著物換星移，失去原本的

（上野戰爭）。殘部與榎本武揚搭乘舊幕府的軍艦流亡，後續則參與箱館戰爭。如今上野公園立有彰義隊的慰靈碑。

價值，從做為幹道的水路變成無用的大水溝，到了現代，又成為點綴京都門面的觀光資源。

東京的隅田川也一樣，從荒川分流，為了促進江戶的發展而建設的這些部分，簡直就是另一條鴨川。

如今，水路已非物資運送的首選，其必要性已遠遠不及馬路，相較於鐵道也是望塵莫及。若東京與威尼斯水都相似也就罷了，但水路對於現代的東京，恐怕只剩下輔助性的功能。

更強勁的「氣」會往更大條的經絡（風水的氣的通道）聚集與流通是風水的基本原理，所以**現在最強勁的「氣」，就是由最大條的幹道或主要鐵道引導。**

在這幾年利用過東京水路的讀者應該非常少吧，頂多在屋形船上辦辦宴會而已吧？我當然也只是這樣。

東京有稱為「環狀線」的鐵道與馬路，而這些鐵道與馬路如今仍持續生長。這才是新的螺旋經絡。這些鐵道與馬路都指向關東，也就是東京的丸之內一帶。

螺旋的設計傳承至現代後，已產生了變形，成為我們日常生活之中的新風水。

對東京人來說，暱稱為「環七」的「環狀七號線」是耳熟能詳的環狀線，但，各讀者還知道其他的環狀線嗎？

例如「環六」就是俗稱的「山手通」。雖然不像環七那麼知名，但應該也有不少人知道才對。

那麼哪裡是「環八」呢？這發音聽起來很像日文的「紅鮭」，但其實已於平成十八年（二〇〇六）開通。

這幾條環狀線算是比較為人所知的部分，但其實環狀線總共有一號到八號這幾條，而「三環狀」指的是「圈央道（首都圈中央聯絡自動車道）」、「外環（東京外廓環狀道路）」與「中央環狀（首都高速中央環狀線）」，首都高速公路就是其中之一，是由放射狀與螺旋狀的馬路所組成。

這種環狀線稱為「三環狀九放射」，是於昭和三十八年（一九六三）開始建造，完工日期為於二〇二四年。

這可是長達六十年的大工程啊！

相較於德川家康時代，織田信長最喜歡吟唱的「人生五十年」的能劇台詞，這工程還真是漫長，更何況現代的土木技術還遠比當時進步，所以大家應該已經知道，這工程到底是多麼浩大的計劃了吧。

這項計畫其實是讓天海＝家康的螺旋水路進一步放大與變得更加錯綜複雜，背後的基本思維則屬於相同方向。

我猜想，這項計畫的初始提案者有可能是岩倉具視。

斬斷三井風水的三菱

在環狀線的建造過程中，實施了一項連天海都會大吃一驚的政策。那就是三菱[8]「斬斷三井[9]風水」的政策。

這項政策完美地達成目的，三井集團的體質也因此弱化。

對於早早在延寶元年（一六七三），江戶本町一丁目（中央區日本橋本町）創立越後屋（現在的日本橋三越），進入明治時期仍固若磐石的三井而言，三菱算是新興企業。

三菱當年取得的丸之內地區只是一片無垠的荒地，沒人想得到東京車站、丸大樓、日本銀行以及一座座的高樓會坐落於此，也只有從底層一步步往上爬的三菱財閥才想得出如此計畫吧。

東京現代化的大計畫就是以這片荒地為起點。明治時代是三井與三菱這

8 三菱

於土佐出生的岩崎彌太郎創立三菱商會之後，在得到明治政府的保護下獨佔海運業，並於一八九三年成立三菱合資公司，後續又以持股公司的方式進軍造船業、礦業、鐵道、貿易。三菱財團雖與三井、住友並稱三大財團，但相較於歷史超過三百年的三井與住友，三菱只是在明治時期攀著良好的政商關係堀起，進而獲得鉅富的財團。

9 三井

伊勢松坂出生的三井高利於一六七三年遠赴江戶，在日本橋設立越後屋三井吳服店（三越），遂為三井財團的起源。在貨幣兌換事業大獲成功後，

類財閥的形成時期，也是互相競爭的時期，其中尤以三井與三菱風頭最健，最終也形成雙雄對決的局勢。所以……

三菱是如何徹底斬斷三井的風水呢？

這裡要向讀者提個問題。

大家是否去過東京的日本橋？[10]

這裡說的日本橋不是地名，是真正的「橋」。

去過這裡的人，恐怕都忘不了那令人難為情的模樣。明明是被稱為日本街道原點的日本橋，但頭頂上卻壓著首都高速公路。這首都高速公路簡直形同**日本橋的氣煞**。

應該有讀者在三井集團服務，所以要在此聲明，這一切終究只是「個人猜測」，別無其他。

既然提出問題，連帶提出「解決方案」才是常道。那該怎麼解決日本橋的問題？是的，就是撤除橫亙於日本橋上方的那條高速公路。

最近這個開發計畫總算有點眉目，而「首都高速公路將挪到日本橋下方」。日本橋的下方是「河川」，這個計畫則打算在河川底下挖隧道，讓新的首都高速公路通過。在江戶幕府建造的大型水路下方挖隧道的構想還真是令人吃驚，這也是江戶時代的風水學作夢都想不到的事情吧，因為當時根

便成為幕府跟前的紅頂商人。明治維新後，仍與政府維持良好的政商關係。

●10 日本橋

於一六〇三年鋪設完成後，隔年被定為全國里程的原點，成為東海道等五條道路的起點。橋畔設有日本國道路元標的紀念碑。現在的橋樑為第十九代或二十代，於一九一一年建設完成。刻於橋墩的「日本橋」是由末代幕府將軍德川慶喜所提。

本沒有這種技術。

順帶一提，流經日本橋下方的河川為「日本橋川」，雖是一級河川，但恐怕沒有半個讀者聽過這個名字（我也是看了地圖才知道）。日本橋川是於江戶時代初期，為了替神田川分流而建造的水路，最終會與隅田川合流。

到了現代，日本橋川的上方佈滿了首都高速公路，據說會如此規畫是因為不需要取得新的土地，但日本橋川也因此被重重的陰影籠罩，難以得見天日。

至於三菱，才不管日本橋的死活，甚至希望象徵日本橋的江戶繁華能因此一瀉千里。因此，丸之內這塊地方出現了取代日本橋的東京車站，成為新的流通據點。從水路時代進入鐵道時代，再由環狀線的陸運取代水運，這就是三菱的必勝策略。

想必各位讀者都知道三菱集團後續的發展。二次大戰結束後，GHQ下令所有財閥解體，只有三菱一枝獨秀，徹底體現了創業以來「三菱矢志報國」的社訓。

據說要讓首都高速公路從日本橋底下經過得耗資五千億日圓，但這項計畫應該不難實現，因為背後有三井住友銀行撐腰。

在過去，有誰能想得到三井會與住友合併呢，但這一切已是既定的事實，新的三井集團也就此吹響反攻的號角。

日本橋、京橋、八重洲、丸之內、大手町、日比谷，這些由康德教授設計的西式建築將陸續改建為摩天大樓吧。

現在的日本橋因為獨特的裝飾而被指定為重要文化財產，擔任日本橋裝飾顧問的是康德的弟子妻木賴黃。前東京知事石原慎太郎曾以耗資不斐為理由，反對首都高速公路移至地底的開發計畫，甚至認為該移的不是首都高速公路而是「日本橋」，不過東京知事已經換人，接下來會有什麼發展，還真是令人期待啊。

東京核心已展開另一回合的風水戰爭，而日本橋的問題正是這場戰爭開打的象徵。

東京時代 1 大正

現代的奇蹟

民眾催生的明治神宮森林

大名豪宅的庭園充滿「吉氣」的理由

在都市的水泥叢林住得太久，會讓人更加思念「綠意」，於是忍不住在陽台弄個菜園或種種盆栽（還是只有老年人會這樣？）

其實東京是綠意多於想像的地方，尤其核心地帶的皇居或明治神宮一直都保有一大片的森林，對環境保護算是一大助力。

其他還有六義園、小石川植物園、上野公園、新宿御苑、濱離宮、庭園美術館等，即使放眼全世界的大都市，都很難找到像東京這樣境內存有多處規模達數萬坪庭園的都市。

這些庭園本為大名（諸候）的豪宅，經過妥善的保存與修繕後，便成為壯觀的「森林」。

這也讓東京人有了足以自豪的休閒地區，每逢假日，各個庭園都充滿前去散步的人潮，熱鬧非凡，反觀紐約，只有中央公園能扮演相同的角色，而在東京，則是由多處庭園一同擔起這個角色。

大部分的大名豪宅都是於江戶時代初期設置，並交由陰陽師選址，所以**位高權重的大名的上屋敷都會坐落於「龍穴」或龍穴周邊**，也就是大地能量湧現的裂口處。

因此光是在這一帶散步，就能沐浴在美好的氣氛裡（自然而然就覺得心情愉悅）。

一如〈新世界「下町」的誕生〉的章節所介紹，大名的豪宅分成上屋敷、下屋敷與藏屋敷，所以俸祿較高的藩當然擁有規模較大的豪宅。

尤其是被譽為「雄藩」的大諸侯，更是爭相搶奪「吉氣」充沛的土地，所以光從豪宅的遺跡就能看出當時各諸侯之間的勢力高低。

以現在的皇居，也就是江戶城為居處的德川家當然是高高在上，而勢力排名第二的是以東大校地為上屋敷建地的加賀藩主前田家（不是薩摩藩、長州藩、土佐藩或肥前藩之一，是不是很意外？）

皇居與明治神宮堪稱東京都內的庭園雙壁，但兩者的來龍去脈可說是完全不同。

皇居自太田道灌佔據以來，約有五百五十年（一四五七年築城），都是武家細心照料的大名庭園，甚至說江戶是從這裡開墾的也不為過，德川將軍家就是在這片廣大的庭園茁壯。

到了戰後，基於昭和天皇希望這片庭園不再有新的人工斧鑿痕跡，保持「原始」的自然模樣，這片庭園更進化成神韻縹渺的森林。

相較之下，明治神宮的森林最初只是人工打造的雜木林，土地雖是彥根藩井伊家的下屋敷的建地，卻是無人聞問的荒地。

之後基於國民的要求，這片荒地被指定為御料地（皇家的所有地），也重新開墾、植林、造林，每一棵樹木、每一分用於造林的勞力、每一毛建設資金，幾乎都來自國民的捐獻，換言之，**明治神宮的森林是基於國民總意志所造**。

再過不久，這片森林就要迎來百歲生日（一九二〇年造林），但「一片落葉也不可帶走」的規則仍然不變，也讓這片森林成為讓人遙想太古原生林的模樣。

走進位於東京中心這座不可思議的森林，享受新綠的氣息，沐浴在從林隙灑落的陽光裡，必能讓到此一遊的訪客身心都受到洗滌。

在自院種植樹木的意義

如果環境允許，還真想在自家庭院種樹。「樹」可「通氣」，所以為五行（木火土金水）之首，細心照料，可打造良性循環。

一般家庭不太可能在自院打造一片「森林」，但若是有一方土地，也就

明治神宮第二鳥居

照片裡的第二鳥居是日本最大的木造明神鳥居，使用的是來自台灣的檜木，而且還是第二代。大正9年完成的初代鳥居在昭和41年（1966）被落雷劈破，也有明顯的老朽痕跡，所以打算重新打造鳥居，但日本沒有適當的檜木可打造如此雄偉的鳥居，於是在台灣尋找材料，最終在台灣在地人士的幫忙下，從深山幾經波折運出。這座以樹齡超過一千五百年的巨木重建的鳥居寄託著許多人的心意。

是「庭院」的透天厝，則十分建議大家種種小樹，在日常生活裡看著一年年成長的小樹，也領受了來自大地的能量。

自古以來，日本都有在小孩出生那年，在庭院裡為小孩種下小樹的風俗，而會津或北關東的習俗則是為剛出生的女兒種下桐樹或櫸樹，等到女兒準備出嫁，便利用這些樹製作衣櫃，當作嫁妝，陪女兒嫁出門。

這習俗有著讓自幼陪著女兒長大的樹木，以另一種型態永遠陪在女兒身邊的意義。吸收出生地的養分，沐浴在陽光底下，受雨水澆灌的樹木最能體現當地的「氣」，也因為守護著孩子成長，而有土地的精靈棲息。所以，做為嫁妝的家具若以其他樹木，就會失去原本的意義。

請大家務必選用當地的木材，不然也至少選用國產的木材製作。

自家院子若有綠樹，便可欣賞四季變化之美，光是映著陽光的嫩葉映入眼簾，心情也會跟著舒緩愉悅，即使下雨，看著雨滴點點的青青綠葉也肯定覺得「雨水是種祝福」，日式住宅也常打造成能觀賞這類風景的構造。

比方說垣根（圍籬）就是其中之一。不管是土牆還是築地牆，都是源自城牆、武家屋敷這類藉由構造抵禦外敵的建築，但垣根卻是在更早的時代就已經出現。

若從字面解釋，垣根的意思是「垣」的「根」，也就不難想像垣根原本是指利用向下紮根的植物所打造的圍籬，雖然後面也出現木材或竹子的垣根，但正確來說，要有「根」才算是真正的垣根。

尤其以會紮根的樹木所打造的圍籬稱為「植生牆」。據說**持續成長的樹木可彈回凶煞之氣**。若是以墓地為鄰，只要蓋一堵高約兩公尺的植生牆，就能留住院子裡的吉氣，這也是自古傳承的智慧。

此外，植生牆也是住宅或土地的結界，能常保家內平安。雖然近代的日本人已經忘了植生牆的優點，但近年來已有一些地方政府制定了「植生牆獎勵條例（例如小布施市、新宮市）。

適合做為植生牆的植物包含楠木、山茶花樹、紅淡比樹、衛矛樹、柊樹、長椎栲樹，明治神宮的森林也是由這幾種植物構成，在境內散步就能看見。這些植物都屬於常綠闊葉林（照葉林），如同「照葉」之意，葉面閃爍著陽光照耀般的光澤。

在日本，這些植物多於溫暖多雨的地方自行生長，而這些地方從古代開始，就是人們的生活區域。現代的山多是杉樹的人工造林，但是宮崎縣、四國、紀伊半島、南房總這些地區還是盡力保留了這類植物。

順帶一提，守護神社的森林本來該是常綠闊葉林，而所謂的植生牆，應該與神社的森林有著異曲同工之妙。

鬱鬱蔥蔥的山林風景是日本的原生風景，也是出自闊葉林的風景。

動畫電影《龍貓》是以狹山丘陵（埼玉縣與東京都的縣境）深山為舞台，聳立於小月與小梅的家旁邊的巨木（龍貓樹）正是她們的守護神，而且應該是楠木或長椎栲樹。

據說宮崎駿導演喜歡神樹，所以常讓這類巨木於這部電影亮相，而《天空之城》裡的巨樹恐怕也是同類的樹，出現在《魔法公主》的森林也應該是闊葉林。這些元素都是描繪日本原生風景所不可欠缺的象徵。

只有闊葉林才是「鎮守森林」的原貌。就日本列島而言，房總半島一帶應是闊葉林的最北界，但明治神宮的森林卻是以紅淡比樹為主的闊葉林。

聽到這裡，大家想不想在東京都心的森林散散步？

走在小石川植物園、新宿御苑或明治神宮的闊葉林裡，說不定也能體會一下繩文人的心情喲。

人死為神

1 明治天皇

第一二二代天皇（一八五二～一九一二），父親為第一百二十一代孝明天皇。諱名睦人。於一八六七年，年僅十四歲登基，並在大政奉還之後頒佈王政復古，隔年宣佈五條御誓文與遷都東京。藉由軍人敕諭、大日本帝國憲法與教育敕語奠定近代天皇制國家的基礎，也因喜好和歌而留下約十萬餘首的御製詩。

2 昭憲皇太后

明治天皇的皇后（一八四九～一九一四），為左大臣一條忠香的三女，舊名為一條美子，對女子教育與慈善事業有所貢獻。

3 西鄉隆盛

話說，明治神宮是以明治天皇[1]與昭憲皇太后[2]為主神。

換言之，明治神宮祭祀的不是《古事記》或《日本書紀》裡的古代神明，而是於在世期間留下豐功偉業的偉人，這座神社也未供奉其他神明。

一如本書前半所介紹，明治神宮是於大正九年（一九二〇）創建，至今歷史不足百年。

但周圍那片蔥鬱的森林卻又彌漫著古代的氣息。

明治天皇是於慶應三年（一八六七），日本正值史上浩劫的時期即位，當年年僅十六歲。

在西鄉隆盛[3]與山岡鐵舟[4]的薰陶下，明治天皇完成了維新大業，開拓了新時代，也因此被尊稱為「聖上」。

王政復古大號令[5]的頒佈是繼神武創業之後[6]，效法天津神、國津神與歷代天皇的心願。也是讓神祇官[7]重返高位，讓德川治世疏忽的祭祀大典重新成為立國根基，喚醒日本民族心中至誠的理念。

一般認為，明治天皇希望重振帝國憲法、皇室典範、教育敕語的精神。

順帶一提，我向來認為，於日本神話登場的神祇都是真實的，所謂的「真實」指的是這些神祇原本是實際存在過的人。

我認為，不管是天照大神還是須佐之男，原本都是實際存在的人物，只

西鄉隆盛（一八二八～一八七七）原為薩摩藩的下級藩士，受島津齊彬重用後，為國事四處奔波，曾被二度流放外島。重返藩政之後，成為倒幕運動的領袖，盡力促成薩長同盟。於戊辰戰爭之中擔任大總督府參謀，負責指揮征東軍，也讓江戶城無血開城。進入維新時代後，在新政府位居中樞，卻因不滿對朝鮮的政策而於「明治六年政變」下台，之後又於西南戰爭失利，選擇於城山自戕。雖然死後被視為賊軍之將，但明治天皇對其人品極為敬重，特別在頒佈大日本帝國憲法的同時大赦西鄉，也追謚正三位。西鄉隆盛與大久保利通、木戶孝允

是死後被百姓尊崇為神。

由於我本身有神職（也就是神主），所以有些人或許會覺得像我這樣的立場，不該有如此發言，但事實並非如此。

在神道世界裡，人死後會升格為神，無論你我，死後都會被尊為神來祭祀，也會於在世時的名字後面加上「命」，象徵自此之後，永遠是這個家族的守護神。

這跟佛教的死後成「佛」是一樣的思維，只是每個人對「神」與「佛」的解釋都不一樣。

神道認為所有的人類都是領受神命，奉行御言的「司」，之所以名字會在死後加上尊稱的「命」，是基於死後升格為神的思維。也就是成為神或回歸神界的意思。

所以既是軍人又是政治家的東鄉平八郎[8]與乃木希典[9]死後，都進入神社受人祭祀，無巧不巧，這兩位都是與明治天皇淵源極深的人物。

更偶然的是，東鄉神社就緊鄰明治神宮（澀谷區神宮前／位於與明治神宮隔原宿站相望的東側）。

乃木神社建於乃木生前的自宅（港區赤坂），有誰能夠想像，這裡居然如此靠近堪稱明治天皇新居處的明治神宮呢（三公里左右的路程，算是徒

並稱明治維新三傑。

4 山岡鐵舟

山岡鐵舟（一八三六～一八八八）。江戶末期到明治時期的劍術家、政治家、世稱鐵太郎。生於江戶旗本之家的他曾拜於北辰一刀流千葉周作門下學習劍術，也曾於刃心流山岡靜山門下學習槍術，並繼承山岡家。戊辰戰爭之際，曾做為勝海舟的使者遊說西鄉隆盛，居中促成西鄉與勝海舟的會談，最終實現江戶城無血開城的壯舉。進入明治維新的時代之後，受西鄉所託，成為明治天皇的侍從，與勝海舟、高橋泥舟合稱幕末三舟。

5 王政復古大號令

這是於一九六八年，新

舊乃木邸

祭祀乃木希典與靜子夫人的乃木神社是於大正十二年乃木住處的鄰地所建，境內另有一座正松神社，主神為教育乃木將軍的玉木文之進以及其外甥吉田松陰，乃木舊宅則依其遺言，捐贈給當時的東京市，如今仍留有當時的主屋與馬廄。照片是建於主屋之前的路旁兜售占卜服務的少年銅象，讓今人感念乃木將軍這段溫馨的小故事。原名為幽靈坂的乃木坂是於乃木將軍的葬禮之際改名。

步可達的範圍)。

再者，像他們這樣的偉人會有許多崇拜者為其創建神社，有些人還會請至宗廟合祀，成為守護代代子孫的守護神。這就是神道的思維。

所謂「氏神」就是成為守護神的歷代祖先。

為什麼明治神宮如此特別？

容我重申一次，神道認為人死後會升格為神。

換言之，神在生前也是人。

這個邏輯沒有以神為界線的理由，也沒有「天神比較特別」的詭辯。將神分成「天」與「地」(天地神祇)似乎有種刻意操弄的感覺(或者這是將現實世界的上下關係帶入神話世界，抑或是要突顯天神是與皇室有關的彌生人，地祇則是與在地世族同等地位的繩文人)。

這類神話的構造或許與當時的社會關係、權力分配有關，卻不是神道信仰的本質。

神道的前提是每一位神的地位都是平等的，都是被當成神明祭祀的亡者，所以才認為神話裡的眾神都是曾經實際存在的人物。

政府在接受德川慶喜的大政奉還所頒佈的命令，主要是向各地諸侯與庶民宣布廢止江戶幕府、攝政、關白等職位，並藉由三職的設置創立新政府。

● **6 神武**

初代天皇，是天照大御神之孫瓊瓊杵尊的曾孫。在傳說中，神武天皇是於日向國出生，並在四十五歲展開東征。平定大和後，於西元前六六〇年的橿原宮即位。

● **7 天津神、國津神**

天津神指的是從天照大御神所在之處的高天原的神或是從高天原下凡的神。大國主這類在天孫降臨之前統治地面的眾神被稱為「國津神」。天津神稱為「天神」，國津神稱或許這是因為我信奉神道才有此一言吧。如果有人說「眾神並非實際存在的人物」，那麼該說那個人不是神道人。我不會說他不是日本人，但至少不是神道人，**要知道日本民族在佛教傳入之前，早就將祖先當成神明供奉，也持續祈求祖先的庇護**，於全國各地分布的無數神社也足以佐證這個說法。

再者，神道還有「自然崇拜」這一面，舉凡山川、湖泊、樹木、岩石這些大自然的一部分，或是光、風這類自然現象，在神道的世界都是受崇拜的神。

我的想法是，這類神明原本也是人，只是其高德、靈威與不同的自然現象結合（一如菅原道真化身為雷神）。這不是「自然現象擬人化」的通俗說法，而是人與自然現象產生關聯性的說法。

不過這種說法是僅限於日本神話的感想，不一定能於其他國家的神話通用，因為在某些神話裡，從自然現象化身而來的神是由超越一切的存在，也就是所謂的創世神（GOD）所創造，有的則是基於人類的想像而生，後

為「地祇」，天神地祇一詞指的是天地眾神。

8 東鄉平八郎

東鄉平八郎（一八四八～一九三四）。生於薩摩藩士之家，於薩英戰爭之後進入薩摩藩的海軍，並於維新時期之後前往英國留學。曾於日俄戰爭擔任聯合艦隊司令官，並於日本海海戰殲滅俄羅斯的波羅的海艦隊而揚名世界。晚年擔任東宮御學問所總裁，為教育昭和天皇盡心盡力。

9 乃木希典

乃木希典（一八四九～一九一二）。於長州藩支藩的長府藩藩士家中出生，成人禮之後，便於培育吉田松陰的玉木文之進門下接受教育。於戊辰戰

續又被賦予不同的故事性。

當佛教傳入日本，神佛習合的時代開始，許多「新的神話」就如本地垂跡說（佛以神明的姿態現身日本的說法）般，以後世穿鑿附會的方式不斷出現，與神社主神有關的淵源或傳承也有不少是在這個時候被加油添醋。

所以拿掉佛教的色彩，就能得知該神本質的情況並不少見，這也是讓神道或神社被誤解的原因之一。

要化解這類誤會，就是要更親近傳統信仰的真面目，也就是最原始的信仰對象。

其中之一就是「鎮守之杜」。

遠古的日本人崇拜的是群山（甘南備）與森林（神籬）。

即使有一天，明治神宮會因為某些原因被淡忘，但只要見到這片森林，就一定會知道這是一個特別的場所。

因為這裡就是一處神韻縹渺又如此莊嚴的森林。

爭、西南戰爭之際從軍。曾擔任步兵第一旅旅長、台灣總督，也於日俄戰爭擔任第三軍司令官與攻佔旅順。深受明治天皇信任的他曾為了教育昭和天皇而擔任學習院院長。最後於明治天皇大葬之日，攜夫人靜子一同殉死。

東京時代3昭和
御門之庭
成為昭和天皇遺產的自然保護區

繼承皇位的儀式與三種神器

接下來要為大家介紹堪稱日本究極寶物的三種神器是如何於皇居傳承給今上天皇（在位的天皇）。

天皇駕崩之際，皇太子便會踐祚（駕崩就是天皇辭世之意，踐祚則是皇太子登基之意）。這是一切的開端。踐祚與讓位雖然不同，但戰後制定的皇室典範[1]沒有讓位的規定只有踐祚（只是現在的皇室典範也不再使用「踐祚」一詞）。

戰前大日本帝國憲法的舊皇室典範明文記載：「天皇駕崩之際，皇太子踐祚，繼承先皇先祖代代相傳的神器」。

但現代的日本國憲法、皇室典範卻未明文記載神器的繼承方式，只剩下「即位」的條文。

這是因為在「政教分離」的原則之下，「神器」被歸類為「祭祀器具」，與皇室祭祀、神道祭祀有著不可分割的關係性，這代表所有與祭祀相關的事物都是「天皇的私事」，不需於皇室典範記載，簡單來說，現狀就是不該分割的事物被硬生生地切割開來。

1 皇室典範

一九四七年制定的皇室制度基本法，其中規範了皇位繼承、皇族範圍、攝政、成年、敬稱、即位儀式、皇族結婚之際的手續、放棄皇籍、皇室會議進行方式。一八八九年制定的舊皇室典範是與憲法位階相同的法律，所以一般認為這次的修訂與國民、帝國議會毫無關聯。新皇室典範雖然保留了相關名稱，卻刪除了部分的神道儀式，讓整個儀式變得更簡單，也如一般法律受到國家的統制。

這情況也出現在昭和天皇的葬禮，當時依神道儀式舉行的「斂葬之儀」與沒有宗教色彩的「大喪之禮」就被活生生拆成兩個部分。

昭和六十四年（一九八九）一月七日，藤森昭一宮內廳長官頒佈官方聲明。「今日上午六時三十三分，天皇陛下於吹上御所駕崩」。

日本國民也全體服喪。

或許是因為昭和天皇長期臥病在床，所以日本全國上下冷靜地接受了這項事實。全面停播廣告的電視台也於大部分的頻道播放與皇室相關的特別節目，現場的主播或客座評論員也都換上喪服。

同日上午十點一分，皇居正殿松之間舉辦了皇位繼承儀式「劍璽等承繼之儀」，皇太子明仁親王殿下即位天皇，一切都在先帝駕崩的三個小時半之後發生（理論上，駕崩的同時就已踐祚），儀式的所有流程也是第一次透過電視台與報紙公開。

所謂劍璽等承繼之儀指的是舊皇室令（登極令）的「劍璽渡御之議」，是於皇室典範制定的「即位之禮」的環節之一。

日本首相、參眾兩院議長與大法官這三權之長以及全體閣員會代表國民參加這項儀式，穿著喪服的新天皇陛下會在宮內廳長官的引導之下帶著皇室參加。陛下與參加者面對面入座後，繼承儀式便開始。

顧名思義，劍璽等承繼之儀就是從皇位證明的三種神器繼承「劍」與「玉」，而儀式名稱裡的「等」則是新天皇繼承視行國事所需的「天皇御璽」與「大日本國璽」的國家儀式（「御璽」就是印章，常有人將御璽當成八尺瓊勾玉，但其實這是誤解）。

同此時刻，掌典長會於宮中三殿[2]舉行皇室典儀的「賢所之儀」與「皇靈殿、神殿奉告之儀」。

接著會舉行「即位禮當日賢所大前之儀」，此時天皇會換上帛御袍，手持劍璽奉告即位。這項儀式也透過電視台轉播，所以日本國民首次有機會一睹整個流程（不過攝影機不準進入社殿，所以只能從外面拍攝天皇在御昇殿的模樣，無法一窺內部的情況）。

賢所之儀是於第二天由新天皇親自舉行，新天皇也將透過這個儀式繼承於賢所奉為御神體的最後一種神器「八咫鏡」（的分身）。

到此，新天皇才算正式即位。

只有繼承三種神器才算即位天皇，也只有這三種神器的坐鎮之處才是天皇玉座的御所，而御所的所在之處才是日本的首都。這是日本國的大原則，

[2] **宮中三殿**　坐落於皇居之內的賢所、皇靈殿與神殿的總稱。

「天皇御璽」的印文

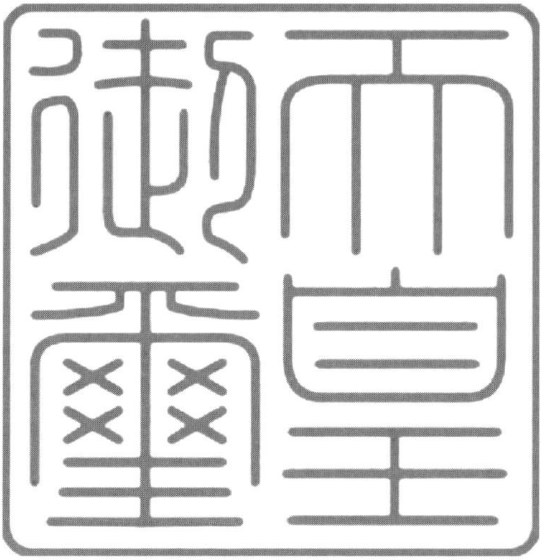

大小約三寸（約9.09cm）見方，國璽印也差不多是這個大小。

宮中三殿御圖

宮中三殿御圖（自「宮中三殿御圖並三大祭典御圖」抄錄）

所以日本目前的首都為東京，別無他處。

同日下午兩點十分召開臨時閣議，決定新元號，兩點三十六分，內閣官房長官小渕惠三召開記者會發表新元號「平成」。

不過……。

在此之前，日本已用過二四八個元號，通常都是《史記》或《書經》這類漢籍裡的「漢語」，明明**已歷經二四八個元號，但歷代的元號無一是「和語」（大和言葉：YAMATOKOTOBA）。**

新元號的選定流程至今未曾公開，但我不得不說，這些決定元號的人真是罪孽深重。

隔年的平成二年一月，竹下登（改年號之際的首相）在演講時提到，「平成」為陽明學者安岡正篤[3]的提案，但採用這個元號的竹下內閣的確是犯了大錯。日本明明有許多優秀的《古事記》、《日本書紀》、《萬葉集》的研究者與神道學者，卻讓研究中國思想的學者提案，這簡直是牛頭不對馬嘴。

順帶一提，我向來主張「元號該是和語」，尤其《古事記》或《萬葉集》這類典籍也有許多美麗又意義深遠的詞藻，實在沒有理由如此倚重漢籍。

3 安岡正篤

安岡正篤（一八九八～一九八三）。於大阪出身，畢業於東京帝大。身處大正民主運動時期的他主張傳統日本主義，也努力研究東洋思想與培育後進，曾修潤終戰之際的「玉音放送」的原稿，為歷代首相、政界與財界高官所信任。

同月十九日上午十一點，舉辦了新天皇陛下向首相等人下達御旨的「即位後朝見之儀」，這項國家儀式是於正殿松之間舉行，共有三百六十五人列席。

但眾所周知的是「鏡」與「劍」都只是用於宮中祭祀的「分身」，本體分別於伊勢神宮與熱田神宮做為御神體供奉，所以也會藉此機會前往這兩處神社進行即位奉告的參拜，尤其對皇室來說，伊勢神宮是最重要的宗廟，所以一定會先前往伊勢神宮，進行奉告大典。

千代田區千代田一番一號

以上就是從昭和進入平成之時，在宮中發生的大小事件。日本的改朝換代都是於千代田區千代田一番一號舉行。由於陛下的御所位於此地的「吹上」，所以又稱為「吹上御所」。

所謂「吹上」指的就是大地的能量「被吹到空中」的場所，這一定也是源自風水之術。

據說昭和天皇為了保護「三種神器」而於吹上御所決定停戰。

「當時我的第一決心是再如此下去，日本民族將覆滅，我亦無法保護赤子，第二是護持國體，這點與木戶（內大臣）的意見相同。若敵人於伊勢灣一帶登陸，伊勢、熱田兩處神宮將直接受敵人壓制，然此時已來不及移動神器，亦無法護神器之周全，為護全國體，此時此刻即使犧牲一己之身也必須和談」（《昭和天皇獨白錄》八月九日深夜最高戰爭指導會議）。

昭和天皇為了保護「赤子（國民）」與「神器」決定挺身而出。若敵軍願意講和，天皇本身的地位將岌岌可危，這點從義大利與德國的例子就可斷言。

上述這段發言是於八月九日記錄，三天前，廣島才被投擲原子彈，當天上午十一點，長崎也被投擲原子彈。

皇居也因一再的轟炸而滿目瘡痍。

順帶一提，「皇居未被轟炸」的市井傳說只是誤傳，NHK記者秋山久曾如此報導：

「空襲東京的美軍軍機駕駛曾證實長官雖然說過『別轟炸皇居』，但皇居實在是絕佳的標靶，因此皇居也再三遭受激烈轟炸」。

當時的小倉侍衛長的日記曾記載，進入昭和二十年（一九四五）之後，空襲造成的損害面積越來越大，皇居有大半面積都被燒毀。

二月二十五日（星期日）女官住處半毀，主要的馬寮全毀，大宮御所、秩父宮御殿遭受轟炸。

四月十三日（星期五）宮城御所燒毀，賢所參集所、賢所假殿、御羽車舍、進修館全毀。

五月二十五日（星期五）大火造成三十三人死亡，宮城表奧御殿、大宮御所、東宮御所、青山御殿、秩父宮、三笠宮、伏見宮、閑院宮、梨本宮、霞關離宮等都遭受祝融之災。

宮城因正殿屋簷內側為起火點而遭大火吞噬，皇后宮御殿的後院也同樣起火，由於是從表宮殿延燒，所以除御靜養室，其餘木造部分悉數燒毀，大小二十七棟宮殿在接近四小時的大火之中全數燒毀。

從這段記錄可知損害之大，但第二期廳舍卻逃過一劫，停戰的玉音放送[4]（玉音就是天皇的聲音）就是在此錄音。

皇居周圍設有防空壕，直至停戰之前的兩年，天皇似乎都於此處操持國務與居住，防空壕除了有天皇、皇后兩陛下的寢室，似乎還有皇族御休息

●4 玉音放送

一九四五年八月十五日中午，透過收音機向日本國民宣佈太平洋戰爭結束的廣播。前一天便於御前會議決定接受波茨坦宣言，也由天皇親自錄製終結詔書的內容。詔書先由內閣書記官迫水久常委任的川田瑞穗撰寫草案，再由大東亞省顧問安岡正篤校閱。

所、食堂、侍從室、女官室與浴室。為了讓屋頂能夠承受一顆炸彈的轟炸，在一公尺的水泥結構上方加一層一公尺的砂，接著再於上層鋪設一公尺的水泥結構，總計為三公尺的厚度，只是這裡沒有讓空氣流通的設備，所以絕對稱不上是舒適的空間。這就就是所謂的「御文庫」。

自停戰前一年的十一月之後，東京就遭受多達一百零六次的空襲，尤其是新年過後，還發生了五次大規模的無差別轟炸，據說當時的災民人數超過一百萬人，死者也超過十二萬人。放眼全世界，這是在同一地區的空襲之中，最為嚴重的死傷人數。

面對如此狀況的昭和天皇曾對當時的內大臣木戶幸一如此說：

「將伊勢與熱田兩處的神器移至身邊就近保護應是最佳上策……若有萬一，只能誓死保護，與神器生死與共」（《木戶幸一日記》）。

從這段七月三十一日的發言到剛剛「犧牲一己之身」的發言的短短幾日之間，情勢想必變得更加險峻。

於是八月十五日便發表玉音放送，播放內容於「御文庫」錄製，再將錄音帶送到日本放送協會播放。

天皇親自向日本國民宣佈，日本無條件接受波茨坦宣言與投降。

宮中三殿供奉之物

周圍由築地牆保護的宮中三殿至今仍於皇居的這片森林深處鎮守，除了晚上之外，白天也有皇宮護衛官負責巡邏，不許任何人越雷池一步。不過每天早上天皇都會來此參拜（只是近年來，多由侍從代替）。

進入皇居後，三殿由右至左分別為神殿、賢所、皇靈殿，全是檜木的白木建築，但為了防火，在明治三十八年將屋簷從一開始的檜樹皮換成銅片。神殿祭祀的是「八百萬神」，皇靈殿祭祀的是「歷代天皇與皇族」，位居中央的賢所則祭祀「天照大御神」，而且還供奉著天照大御神的御靈代、御神體的八咫鏡分身，但**不知何故供奉著兩座**（詳情請參考拙著《三種神器》）。

皇宮警察平日會接受避難訓練以應付不時之需，最重要的保護對象是「三種神器」，當今天皇，也就是所謂的「玉體」則屈居其次，可見三種神器有多麼重要。

這「三種」神器之中，最為重要的是賢所的御神體，但大家可能不知道的是，這裡的御神體有兩座，而且分別有兩百公斤重，據說一旦發生緊急事故，每座會由六名年輕的皇宮護衛官負責搬運。

以賢所為中心的宮中三殿設有掌典這項男性職務與內掌典這項女生職務，兩者合稱掌典職，其中擔任內掌典的女性員工則依循古禮二十四小時服侍神明。

現在似乎每四年換一次員工，但之前也有不少終身職的例子，擔任此職長達五十七年的女性的手記（見聞錄）可說是了解賢所內部的重要證言（《宮中賢所物語》高濱朝子）。據說髮型、服裝、用字遣詞、每日的例行公事都依循平安時代傳承的規矩，更令人吃驚的是，還得守護「不可熄滅的燈」。

原則上，除了天皇、皇后、皇太子、皇太子、皇太子妃與掌典、內掌典之外不得進入賢所。

伊勢神宮由內宮的皇大神宮與外宮的豐受大神宮組成，供奉神器八咫鏡的是皇大神宮。換言之，賢所的地位與皇大神宮相當，而八咫鏡的形代（供神靈附身的器物）則於賢所內的御座之一坐鎮。

此外，宮中的祭祀不屬於公務。戰後的新憲法採用「政教分離」原則，所以宮中的一切祭祀都不再屬於公務範圍。

其實再怎麼說，這都是「天皇的私事」，既是私事，就無需公諸於世，但有趣的是，相關人員都不是宮內廳的職員，而是天皇的僕從。

關於掌典職，宮內廳的說明如下。

「於國家行政機關之宮內廳組織之外的內廷組織，輔助皇室祭祀，掌典長之下分設掌典次長、掌典、內掌典」。

不過職務名稱與戰前的宮內省掌典職時代一樣，只有定位與待遇改變，換言之，掌典職不再是宮內廳職員與國家公務員，而是內廷職員，也就是民間企業的員工。

被視為聖域的皇居

本書已於之前多次介紹，現在的皇居原本是武家的居城，最初是由江戶一族與太田一族建立江戶城，之後的德川一族以此為據點，經過約二百六十年的整頓後，從明治元年（一八六八）開始到現在的一百五十年都做為皇居使用。

除了石牆、渠道這類基礎建築之外，現在的皇居幾乎沒有殘留半點武家時代的色彩，但也因為是皇居，長年有人整頓與維護，所以自成一處不受外界干擾的空間。日本國民很難有機會一窺內部，所以我打算藉由本書介紹一些可介紹的範圍。

天皇與皇后的住處為吹上御苑，面積約為四十一萬平方公尺（約十二萬四千坪），是皇居整體的三分之一面積，也是天皇的私人領域。

雖然有點失禮，但只要與東京都內的其他設施比較，就能知道吹上御苑的面積有多大，例如東京巨蛋的面積為四萬七千平方公尺，換言之，吹上御苑可容納九個東京巨蛋，這還只是「自家的建地」，不過要維護日本一國之主的威儀，當然需要如此規模的宮殿。

在過去，皇居之中連九洞的高爾夫球場都有，但在昭和天皇的聖意裁斷下，從昭和十二年（一九三七）開始停止維護，每條球道也在短時間內雜草叢生，**如今已徹底回歸為武藏野草原的風貌**。

幾乎無人入內的深處似乎仍保持奧秩父的山谷與森林風貌。由此可知，吹上御苑已非庭園，而是坂東的林野。若參加勤勞奉仕[5]，就有機會走進皇居的深處，建議大家有機會務必參加。

能在都心保有如此大面積的自然植被可說是奇蹟，目前已知的樹木接近四百種，其中包含鬱鬱蒼蒼的櫟樹、楓樹與櫸樹，而野鳥、候鳥與其他鳥

5 勤勞奉仕
指的是由志願者替皇居、赤坂御用地除草、清掃、修剪庭園的工作，通常是於平日分成四天進行。接受十五人以上、六十人以下的團體申請，其間天皇皇后兩陛下也會「接見」志願者。

類也將近一百種，所以這裡真可說是一片原野。

若回到一萬年前的繩文時代，千代田區這一帶說不定真的是這副樣貌，除了植物之外，說不定連鳥類或動物都與當時無異。

儘管東京是一座世界級的大都市，都心能保有一處動植物的自然保護區（聖域），完全只能歸功於昭和天皇。

明治神宮的森林也於同時代誕生這點，對於東京的誕生也有相當重大的意義。雖然與皇居的森林有著不同的來龍去脈，兩者如今的風貌卻是十分相似。明治神宮的森林是基於百年計畫所打造的鎮守森林，也是一項壯闊的實驗，任誰都清楚這項實驗已完全成功了。

日本人本來就善於造山，而明治神宮的森林也是成果之一。要破壞森林是頃刻之事，但要造林卻是難如登天。這座人工打造的「御門之森」以及明治神宮的森林是我們這個世代的奇蹟，也是值得重視的遺產。

東京1萬年年表

時代	西曆
繩文時代 草創期	BC13000~BC10000
繩文時代 早期	BC10000~BC5000
繩文時代 前期	BC5000~BC3500
繩文時代 中期	BC3500~BC2500
繩文時代 後期	BC2500~BC1300
繩文時代 晚期	BC1300~BC800
彌生時代	BC800~200左右
古墳時代	200左右~600左右
飛鳥時代	600左右~710年
奈良時代	710年~794年
平安時代	794年~1185年
鎌倉時代	1185年~1333年
室町~戰國時代	1336年~1573年

西曆	事件
	日本列島脫離大陸
	繩文海進、稻作（陸稻）傳入日本
	三內丸山遺跡
	稻作（水稻）傳入日本
146年~189年	倭國大亂
239年	卑彌呼從魏國領受親魏倭王稱號與金印
3世紀後半	大和朝廷一統國內
5世紀後半	興建稻荷山古墳
628年	淺草的檜前兄弟於隅田川拾獲觀音像（淺草寺的起源）
7世紀末~8世紀	龜虎古墳營造
702年	江戶神社創建
710年	平城京遷都
784年	勝道於日光開山
794年	平安京遷都
935年~941年	承平天慶之亂（平將門與藤原純友作亂）
平安時代末期	江戶重繼繼承江戶，建造居館
1180年~1185年	治承・壽永之亂（平家滅亡）
1185年	賴朝於全國設置守護、地頭
1199年	賴朝去世。長男賴家成為二代將軍
1219年	第三代將軍實朝被暗殺
1334年	建武新政
1336年	足利尊氏制定建武式目
1457年	太田道灌建造江戶城

安土桃山時代	1573年～1603年
江戸時代	1603年～1868年
明治時代	1868年～1912年
大正時代	1912年～1926年
昭和時代	1926年～1989年
平成時代	1989年～2019年

1467年～1477年	應仁之亂。就此進入戰國時代
1573年	足利義昭被趕出京都，室町幕府瓦解
1582年	本能寺之變
1590年	德川家康移封關東，進入江戸
1600年	關原之戰
1603年	德川家康受封征夷大將軍
1616年	德川家康去世，隔年建日光東照宮
1625年	創建寬永寺
1657年	明曆大火（江戸有六成面積被燒毀）
1707年	富士山火山爆發（寶永大噴火）
1855年	安政江戸地震
1867年	大政奉還
1868年	王政復古大號令。上野戰爭。江戸改稱東京
1877年	東京大學設立。發現大森貝塚
1884年	彌生式土器出土
1894年	中日戰爭
1904年	日俄戰爭
1912年	乃木希典殉死
1914年～1918年	第一次世界大戰
1923年	關東大地震
1941年～1945年	第二次世界大戰
1958年	東京鐵塔竣工
1964年	舉辦東京奧運
1983年	東京迪士尼開園
1991年	泡沫經濟崩壞
2012年	東京晴空塔開業

東京的可怕傳說，大家聽完覺得如何呢？

會害怕繼續住下去嗎？

順帶一提，我已經在東京住四十七年了（雖然中途有半年離開）。

我在埼玉縣出生，但是只在埼玉縣住了十八年，

所以我已經算是東京人了吧。

所以每天聽著周圍的人說，

總有一天會發生首都垂直型地震或與南海海溝大地震，

就讓我覺得很可怕～。只是日常生活還是沒什麼改變。

話說回來，很難有什麼改變才是日常生活的本質吧。

當然，我也沒辦法搬家（搬家得耗費不少力氣，現在的我應該沒辦法了吧）。

不過東京仍是充滿魅力的城鎮。

結語

即使如此，我還是在這本書寫了一堆可怕的祕密。
只是大家是否察覺到，這些可怕的祕密也各有魅力呢？
可怕的東京底下，也潛藏著魅力十足的東京。所以住在這裡的人才離不開東京。
希望能解開「東京的魅力」的真面目。
東京有著吸引每個人，讓人離也離不開的「力量」。
我也一直希望能找到這股力量的來處，大家敬請期待囉。

平成三十年　shihatu　戸矢學

●主要參考資料

『皇室』「[皇居]大特集」
平成二十一年夏43号

『東京都区部デジタル標高地形図』
国土地理院

『史蹟 将門塚の記』史蹟将門塚保存会

『見沼 その歴史と文化』
浦和市立郷土博物館 さきたま出版会

『鹿鳴館の夢 建築家コンドルと絵師暁英』
鈴木博之・藤森照信監修　ＩＮＡＸ

『「東京Deep案内」が選ぶ
首都圏住みたくない街』
逢阪まさよし+DEEP案内編集部
駒草出版

※參照自著
『神道と風水』河出書房新社
『富士山、２２００年の秘密』かざひの文庫
『三種の神器』河出書房新社

shihatu的漢字寫作「為果」，指的是「完成了該做的事」。這個發音的漢字原本是師走，意思是十二月。

東京歷史不思議

從神話、信仰、風水、地理探索不為人知的千年之謎

東京ミステリー～
縄文から現代までの謎解き１万年史

國家圖書館出版品預行編目（CIP）資料

東京歷史不思議：從神話、信仰、風水、地理探索不為人知的千年之謎／戶矢學作；許郁文譯．-- 初版．-- 臺北市：麥浩斯出版：家庭傳媒城邦分公司發行，2020.02
面；　公分
ISBN 978-986-408-582-8（平裝）

1. 歷史 2. 日本東京都

731.72601　　109000984

作者　戶矢學
插畫　堀道廣
翻譯　許郁文
責任編輯　張芝瑜
美術設計　郭家振
行銷企劃　郭芳臻

發行人　何飛鵬
事業群總經理　李淑霞
副社長　林佳育
副主編　葉承享
出版　城邦文化事業股份有限公司 麥浩斯出版
E-mail　cs@myhomelife.com.tw
地址　104 台北市中山區民生東路二段 141 號 6 樓
電話　02-2500-7578
發行　英屬蓋曼群島商家庭傳媒股份有限公司城邦分公司
地址　104 台北市中山區民生東路二段 141 號 6 樓
讀者服務專線　0800-020-299（09:30 ～ 12:00; 13:30 ～ 17:00）
讀者服務傳真　02-2517-0999
讀者服務信箱　Email: csc@cite.com.tw
劃撥帳號　1983-3516
劃撥戶名　英屬蓋曼群島商家庭傳媒股份有限公司城邦分公司
香港發行　城邦（香港）出版集團有限公司
地址　香港灣仔駱克道 193 號東超商業中心 1 樓
電話　852-2508-6231
傳真　852-2578-9337
馬新發行　城邦（馬新）出版集團 Cite（M）Sdn. Bhd.
地址　41, Jalan Radin Anum, Bandar Baru Sri Petaling, 57000 Kuala Lumpur, Malaysia.
電話　603-90578822
傳真　603-90576622

總經銷　聯合發行股份有限公司
電話　02-29178022
傳真　02-29156275

製版印刷　鴻霖印刷傳媒股份有限公司
定價　新台幣 380 元／港幣 127 元
ＩＳＢＮ　978-986-408-582-8
2020 年 2 月初版一刷・Printed In Taiwan